Lehrer verändern Schule

→ *Jetzt*

Was du selber kannst besorgen,
das verschiebe nicht auf oben.

Nach der neuesten Fassung
der Rechtschreibregeln –
gültig ab August 2006!

Verlag an der Ruhr

Impressum

Titel: **Lehrer verändern Schule – *Jetzt***
Was du selber kannst besorgen, das verschiebe nicht auf oben.
Autor: Jonas Lanig
Druck: Druckerei Uwe Nolte, Iserlohn
Verlag: **Verlag an der Ruhr**
Alexanderstraße 54 – 45472 Mülheim an der Ruhr
Postfach 10 22 51 – 45422 Mülheim an der Ruhr
Tel.: 02 08 / 439 54 50 – Fax: 0208 / 439 54 39
E-Mail: info@verlagruhr.de
www.verlagruhr.de

© Verlag an der Ruhr 2006
ISBN 10: 3-8346-0062-8 (bis 12/2006)
ISBN 13: 978-3-8346-0062-2 (ab 2007)

geeignet für **alle Schulstufen**

Gedruckt auf chlorfrei gebleichtes Papier.

Die Schreibweise der Texte folgt der neuesten Fassung der Rechtschreibregeln – gültig ab August 2006.

Alle Vervielfältigungsrechte außerhalb der durch die Gesetzgebung eng gesteckten Grenzen (z.B. für das Fotokopieren) liegen beim Verlag. Der Verlag untersagt ausdrücklich das Speichern und Zur-Verfügung-Stellen dieses Buches oder einzelner Teile davon im Intranet, Internet oder sonstigen elektronischen Medien.
Kein Verleih.

Inhalt

7 Vorwort

11 1. Eigener Lehrplan

15 Lokaler Lehrplan
Wie das Lernen vor Ort wirklich funktioniert

22 PISA B
Für den Alltag lernen, für das Leben lernen

29 2. Neue Lern- und Arbeitsformen

33 Der Stundenwächter
Wenn der Lehrer einen Assistenten bekommt

42 Methoden-Führerschein
Lernen mit Erfolgsgarantie

48 Gruppentest
Eine Klassenarbeit ohne Einzelkämpfer

54 Sommerschule
Wenn Bildung zur Belohnung wird

59 3. Unterrichtsorganisation

63 Das bewegliche Klassenzimmer
Lernen im richtigen Ambiente

67 Der Fachraum
Eine Alternative zum Klassenzimmer

74 Zeitkonto
Lernen in größeren Einheiten

80 Scholarenzeiten
Wege aus einer geschlossenen Anstalt

85 4. Die Hausaufgaben

88 Ganztagswoche
Hausaufgaben unter Anleitung

93 Kumulative Hausaufgaben
Nicht von heute auf morgen

98	Der Elternvertrag *Alle am selben Strang*
101	**5. Die leidigen Noten**
105	Die B-Note *Schüler zensieren sich selbst*
110	Bringnoten *Einbringen statt Abfragen*
116	Probe aufs Exempel *Schüler im Praxistest*
121	**6. Schule ohne Sitzenbleiber**
124	Der Lernvertrag *Die Schüler planen das neue Schuljahr*
130	Das Motivationsseminar *Lerntechniken für gefährdete Schüler*
136	Vorrücken auf Probe *Eine letzte Chance für Sitzenbleiber*
141	**7. Jungen- und Mädchenpädagogik**
144	Jungen- und Mädchencafé *Gespräche im internen Kreis*
149	Das Haushaltsdiplom *Kleine Paschas in Not*
152	Klassentrennung auf Zeit *Unter sich bleiben beim Lernen*
157	**8. Schuldemokratie**
161	Feedback *Noten für die Lehrer*
171	Schulverfassung *Eine Magna Charta für die Schule*
178	Literatur- und Linktipps

▸ Vorwort

Bildung ist wieder ein Thema – aber noch lange kein Anlass zum Handeln.

Seit den niederschmetternden Ergebnissen der PISA-Studie und anderer internationaler Untersuchungen überbieten sich unsere Politiker damit, den einzigartigen Stellenwert von Bildung und Forschung zu beschwören. In ihren Sonntagsreden sind ganze Textbausteine der Bedeutung der Bildung als übergeordneter Zukunftsaufgabe vorbehalten. Und jede Regierungserklärung, jedes Parteiprogramm, jeder Kommissionsbericht gibt sich heute so bildungsbeflissen wie seit den 60er Jahren nicht mehr. Was noch vor ein paar Jahren allenfalls erschöpfte Lehrer oder verzweifelte Eltern ihrer Umwelt anvertrauten, ist inzwischen als gesamtgesellschaftliches Megathema anerkannt. Fast möchte man in Anspielung auf Goethe sagen: *„Zur Bildung drängt/An Bildung hängt/Doch alles!"* Aber damit hat es sich leider auch schon.

Denn so beredt sich die Politiker auch mit den Defiziten des bundesdeutschen Bildungssystems beschäftigen – so kleinlaut werden sie, wenn es um die Behebung solcher Missstände geht: Unstrittig ist, dass unsere Schüler heute das Falsche lernen und dass ihnen dies auch noch an überholten Beispielen und mit untauglichen Methoden beigebracht wird. Und doch fehlt es am politischen Willen, unser Schulsystem einer didaktischen Generalüberholung zu unterziehen und damit zu anderen europäischen Ländern aufzuschließen. Konsens ist auch, dass sich das Prinzip der Halbtagsschule längst überlebt hat und dass deshalb auch deutsche Kinder Anspruch auf ganztägige Bildungs- und Betreuungsangebote haben. Aber auch hier hat sich die Politik bislang nicht zu einem großen Wurf aufraffen können, lässt man sich schon wegen noch so bescheidener Vorstöße feiern. Schließlich wünscht sich eine Mehrheit der Eltern ein integriertes Schulsystem, um ihren Kindern über das Grundschulalter hinaus ein gemeinsames Lernen zu ermöglichen. Aber den Politikern fehlt es an Weitblick und an Mut, um eine solche strukturelle Reform endlich anzugehen – oder auch nur anzudenken.

Die Liste solcher bildungspolitischen Versäumnisse ließe sich beliebig verlängern: Die hohe Zahl der jungen Leute ohne Schulabschluss, die

Ausgrenzung behinderter Kinder, die allseits akzeptierte Benachteiligung von Kindern aus Migrantenfamilien, die ebenso ungerechte wie leistungsfeindliche Verteilung von Bildungschancen, die unselige Praxis des Sitzenbleibens und Schulversagens – solche Ärgernisse werden von der Politik eher schöngeredet als angemahnt. Und nirgendwo zeichnet sich die erhoffte Aufbruchsstimmung ab, die nötig wäre, um diesen Reformstau endlich aufzulösen.

Nirgendwo? – Nicht ganz. Denn an vielen Schulen scheint man nicht länger gewillt, den Politikern das Feld zu überlassen und sich dem Widerspruch von feuriger Rhetorik und politischer Apathie anstandslos zu fügen. Immer mehr Lehrer wollen sich nicht länger mit der Rolle braver Staatsdiener abfinden, für die der Stillstand der Politik auch Maßstab des eigenen Handelns ist. Sie wollen die Schule verändern, ohne auf die Politiker zu warten. Und sie machen dabei die oft überraschende Erfahrung, dass das funktioniert.

Seit 25 Jahren ist der Verlag an der Ruhr eine erste Adresse, wenn es um solche Initiativen für eine Veränderung von Schule geht. Zur Verlagsphilosophie gehört, dass man die Politik nicht aus ihrer Verantwortung für Schule und Unterricht entlassen möchte, dass mit dieser Veränderung aber schon jetzt begonnen werden kann. Und der Verleger findet dafür deutliche Worte: „Wir können es uns nicht länger leisten und unseren Kindern nicht länger zumuten, zu warten, bis endlich genug Geld, genug Lehrer, genug dies, genug das bereitgestellt wird. Und lange nicht alles hat mit Geld zu tun. Natürlich sollte man für bessere Rahmenbedingungen kämpfen, aber bis dahin sollte man trotzdem alles tun, was man tun kann. Denn Geld ohne entsprechende Ideen wäre auch zum Fenster hinausgeworfen."

Von solchen Ideen und von ihrer konkreten Umsetzung im Schulalltag handelt dieses Buch. Hier wird vorgeführt, wie das Diktat des Wochenstundenplans aufgebrochen und mit der Demokratie im Schulhaus endlich Ernst gemacht wird. Hier wird gezeigt, wie Hausaufgaben wieder Sinn und Klassenarbeiten wieder Spaß machen können. Hier werden Strategien beschrieben, mit denen sich die Zahl der Sitzenbleiber senken und die Aussagekraft der Noten steigern lässt. Hier wird für das Fachraumprinzip und für die differenzierte Koedukation geworben. Solche Vorstöße für eine andere Schule sind nicht am grünen Tisch oder im stillen Kämmerlein entstanden – **sondern mitten im pädagogischen Alltag.** Und fast alle haben ihren Praxistest bereits hinter sich. Die hier beschriebenen Projekte sind keine Kopfgeburten, sondern sehr konkrete und sehr reale Beispiele für einen Aufbruch, der aus den Lehrerzimmern kommt. Und im Diskurs um die Zukunft von Bildung und Unterricht ist die Praxis immer noch das beste Argument.

An der Frage, ob die notwendigen Innovationen von einzelnen Lehrkräften oder doch besser vom ganzen Kollegium ausgehen sollten, dürfen solche Projekte nicht scheitern. Deshalb werden zunächst jeweils Ideen genannt, die sich auch ohne Konferenzbeschluss durchführen lassen und an die sich auch solche Lehrer heranwagen können, die an ihren Schulen eher als Einzelkämpfer belächelt werden. Später werden dann solche Projekte beschrieben, die Sache der ganzen Schule sind und deshalb im Kollegium vereinbart werden müssen. Für die Schüler zählt ohnehin nur, was von solchen Ideen im Klassenzimmer ankommt – und das ist nicht die schlechteste Sicht der Dinge.

Nicht immer werden sich alle Materialien und Praxisbeispiele an den Schulen im Verhältnis 1:1 umsetzen lassen. Dazu sind die Verhältnisse an den Einzelschulen, sind die pädagogischen Temperamente einfach zu unterschiedlich. Als Kopiervorlagen sind die Beispiele aus der Praxis deshalb nur bedingt geeignet – als Anstöße für den pädagogischen Selbstversuch allerdings um so mehr.

Über den Erfolg dieses Buches soll deshalb nicht die Zahl der Leser, sondern die der Nachahmer entscheiden. Denn auf gute Ideen gibt es kein Copyright.

1. Eigener Lehrplan

Die Frage nach den Inhalten schulischen Lernens hat eine lange Tradition, scheint inzwischen aber niemanden mehr so recht zu interessieren. Allzu lange ist diese Diskussion nämlich von außen geführt worden: Es war die Wissenschaft, die in den 60er Jahren den Abschied von den ungeliebten Stoffplänen verkündete und sich lautstark für eine Revision der Curricula an den Schulen einsetzte. Und es war die Politik, die immer wieder nach einem Kanon unverzichtbarer Lerninhalte rief und damit Lehrer wie Schüler nervte. Eher als in den Parlamenten und an den Universitäten setzte sich an den Schulen die Einsicht durch, dass es weniger auf den Input als auf den Output des Lernens ankomme. Entscheidend sei nicht, was man den Schülern alles beizubringen versuche – sondern, was bei diesen schließlich hängen bleibe. Schließlich bemisst sich der Erfolg aller pädagogischen Arbeit nicht am Umfang der Lerninhalte oder an der Abgehobenheit der Lernziele, sondern am tatsächlichen Wissen und Können der Schüler. Die internationale PISA-Studie hat die Lehrkräfte in dieser Auffassung bestärkt und damit die jahrzehntelange Auseinandersetzung um die richtigen Lehrpläne für obsolet erklärt. Seit PISA wissen wir: **Die schönsten Lehrpläne nützen nichts, wenn sie die Köpfe und Herzen der Schüler verfehlen.**

Lehrpläne erfolgreich umsetzen

Andererseits kann keine Bildungslandschaft ohne verbindliche und objektiv überprüfbare Bildungsstandards auskommen. Je weniger die Schulen von der Kultusbürokratie gegängelt werden und je mehr sie ihre Angelegenheiten in eigener Regie regeln – umso notwendiger sind **verbindliche Mindestanforderungen**, die von allen Schulen erfüllt werden müssen. Deshalb bedarf es einer grundlegenden Übereinkunft über das, was Kinder heute wissen und können sollen. In diesem Sinne hat die Idee eines Kerncurriculums in Deutschland viele Anhänger: Sie würden die geltenden Lehrpläne am liebsten abschaffen und die Schulen stattdessen auf einen Minimalkatalog von Lerninhalten und Lernzielen verpflichten.

■ ■ ■ Eigener Lehrplan

Die Konferenz der Kultusminister hat diese Anregung aufgegriffen und für die Fächer Deutsch, Mathematik und Englisch so genannte Bildungsstandards formuliert. Diese Bildungsstandards fragen nicht nach dem, was die Lehrkräfte ihren Schülern zu vermitteln haben, sondern nach dem, was die Schüler nach zehn Schuljahren wissen und können müssen. Umstritten ist freilich, woran sich diese Standards jeweils zu orientieren haben: **Engagierte Pädagogen fordern die Entwicklung von Mindestanforderungen, die von allen Schülern erreicht werden können.**

Sie wollen damit vor allem jene Schüler ermutigen, die sich mit dem Lernen schwertun und deshalb auf solche Erfolgserlebnisse angewiesen sind. Die Kultusminister dagegen haben sich dafür entschieden, die von ihnen in Auftrag gegebenen Bildungsstandards an einem „mittleren Anforderungsniveau" auszurichten. Sie sollen von einer Mehrheit der Schüler erreichbar sein und damit einen gewissen Anreiz bieten – aber eben nicht von allen. Umstritten ist außerdem, ob solche Bildungsstandards für alle Schularten gelten oder ob sie die Mehrgliedrigkeit unseres Schulwesens widerspiegeln sollen. Während die PISA-Studie keine Unterschiede zwischen den einzelnen Schularten macht und damit alle Schüler auf denselben Maßstab verpflichtet, will eine Mehrheit der Bundesländer für jede Schulart eigene Bildungsstandards entwickeln. Die von der Kultusministerkonferenz vorgelegten Bildungsstandards sollen jeweils über landesweite Vergleichstests evaluiert werden. Diese Tests aber sind sehr umstritten, weil alle Schulen andere Ausgangsbedingungen haben und die Schülerleistungen schon deshalb nicht vergleichbar sind. Deshalb stoßen manche Kultusminister mit ihrem Plan, über die Ergebnisse der Vergleichstests zu einem Leistungsranking der einzelnen Schulen zu kommen, auf den berechtigten Widerstand der Lehrkräfte vor Ort. Diese wissen besser als die verantwortlichen Politiker: Schulen lassen sich allenfalls so gut wie Äpfel und Birnen vergleichen. Deshalb dürfen solche Vergleichstests kein Anlass sein, künftig zwischen „guten" und „schlechten" Schulen zu unterscheiden.

Auch beim Umgang mit den Lehrplänen kann ein Blick über den Zaun zu mancher neuen Erkenntnis verhelfen. So ist in Schweden der „Kunskapens Träd" längst ein Bestseller, obwohl dieser „Baum der Erkenntnis" doch eigentlich nichts anders ist als eine Sammlung der für die Klassen 1 bis 9 geltenden Lehrpläne *(Marianne und Lasse Berger: Der Baum der Erkenntnis für Kinder und Jugendliche im Alter von 1–16 Jahren. Bremen: Eigenverlag, 2. Aufl. 2004).* So formuliert der „Kunskapens Träd" als ein übergeordnetes Ziel des Unterrichts in Hauswirtschaft: „Verständnis für die Bedeutung von Mahlzeiten für die Gemeinschaft, Gesundheit, Kommunikation und Kultur entwickeln." Und er gibt gleichzeitig an, was die Schüler nach neun Schuljahren können sollen: „Mahlzeiten planen, zubereiten, arrangieren und wertschätzen können." Solche Grob- und Feinziele sind in der Krone des „Baums der Erkenntnis" zu finden. Im Stamm und in der Wurzel dagegen sind Informationen zum jeweiligen Entwicklungsstand der Kinder und Jugendlichen aufgelistet. Damit vermittelt der „Kunskapens Träd" zwischen dem, was die jungen Leute können sollen – und dem, was sie von Natur aus mitbringen. Während sich deutsche Lehrpläne als unattraktive Bleiwüsten darstellen, ist der schwedische Lehrplan so attraktiv gestaltet, dass man sich auf den ersten Blick an ein Bilderbuch erinnert fühlt. Da verwundert es nicht, dass der „Kunskapens Träd" inzwischen auch ins Deutsche übersetzt wurde – denn hierzulande ist das Interesse an einer solchen Lehrplanalternative offensichtlich groß genug.

Kein Zweifel: In die bundesdeutsche Lehrplanentwicklung ist durch die Verständigung auf bestimmte Bildungsstandards Bewegung gekommen. Das ändert aber nichts daran, dass sich auch diese Bildungsstandards immer noch am traditionellen Fächerkanon der Schule orientieren. Wichtige Aspekte, wie ein verantwortungsbewusster Umgang mit der Zeit oder eine aktive Teilhabe am Gemeinwesen, bleiben dabei notgedrungen auf der Strecke. Die Frage, was Schüler heute lernen sollen, muss deshalb jeder Lehrer, muss jede Schule für sich selbst entscheiden. Das Projekt **„PISA B"** beweist, dass es dabei weniger um überlieferte Schulfächer als um gefährdete Alltagskompetenzen gehen sollte. Und der **lokale Lehrplan** gleicht die Inhalte des Curriculums mit den konkreten Themen und Angeboten vor Ort ab. Hier stößt eine zentrale Kultusbürokratie notgedrungen an ihre Grenzen. Und hier muss sich deshalb jede Schule in die Pflicht genommen sehen.

⇨ Lokaler Lehrplan

Wenn die Schüler einer Hauptschule im Münchner Norden aus dem Fenster schauen, fällt ihr Blick auf die silbern glänzenden Hochhaustürme eines großen Automobilkonzerns. Die Tradition ihrer Stadt als Industriestandort ist den Schülern also immer präsent. Wenn im Erdkundeunterricht aber der Aufbau eines Industriebetriebes behandelt wird, dann sind die weiß-blauen Autobauer nicht einmal eine Erwähnung wert. Denn das Erdkundebuch beschäftigt sich in diesem Zusammenhang lieber mit einer Stärkemittelfabrik in Pfaffenhofen – und die ist vom Anschauungs- und Erfahrungsraum der Schüler so weit entfernt wie eine Reisbeutelabfüllanlage im fernen Taiwan. Damit bleiben wichtige lokale Ressourcen ungenutzt, werden nahe liegende Beispiele ausgespart.

Wie das Lernen vor Ort wirklich funktioniert

So müssen sich die Schüler mit den großen Ereignissen der Weltgeschichte herumschlagen – erfahren aber kaum etwas über die historische Entwicklung des Schulstandorts. So haben sie sich im Deutschunterricht mit zahlreichen Sondersprachen und Soziolekten auseinanderzusetzen – bekommen aber nur wenig von der heimischen Mundart mit. Lehrplan und Schulbuch sind ubiquitär angelegt, sollen also überall zu gelten haben. Deshalb bleibt es der Schule überlassen, die Darstellung einzelner Sachverhalte aus der Vogelperspektive jeweils durch Beispiele vor Ort zu ergänzen und zu veranschaulichen. **Dazu bietet sich die Entwicklung eines lokalen Lehrplans an:** Hier wird zu den Inhalten und Themen der einzelnen Fächer jeweils ein geeigneter Ortsbezug angeboten. Damit haben die Schüler Gelegenheit, nicht nur ganz allgemein etwas über die Mediatisierung unserer Kultur zu erfahren. Sie lernen auch die lokale Medienszene und deren besonderes Profil kennen. Sie bekommen nicht nur einen Überblick über die Chancen und Risiken alternativer Energien, sondern erfahren auch, wie sich ihre

Stadt oder ihr Landkreis auf diesem Gebiet engagiert. Viele Inhalte verlieren so ihre Abgehobenheit, werden über eine unmittelbare Anbindung an den Alltag der Schüler geerdet: Deshalb nennt der lokale Lehrplan jeweils auch Projektvorschläge, die sich vor Ort umsetzen lassen. Hier können lokale Einrichtungen besucht oder Fachleute aus dem Heimatraum in den Unterricht eingeladen werden. Hier können sich Schüler in den Festkalender ihrer Gemeinde einbringen oder zu Chronisten des lokalen Geschehens werden. Entstanden aus dem persönlichen Engagement einiger weniger Kollegen, kann sich der lokale Lehrplan in kurzer Zeit zu einem Projekt der ganzen Schule entwickeln: **Hier werden Materialien gesammelt, auf die alle Lehrkräfte und ihre Klassen zurückgreifen können. Hier werden Kontakte geknüpft, von denen auch spätere Schülergenerationen profitieren können. Der lokale Lehrplan reflektiert die Bemühungen der ganzen Schule um ein inhaltliches Profil – und kann damit auch zu einem Baustein der Schulentwicklung werden.**

Eigener Lehrplan

Jedes Lernen beginnt zu Hause
Lokaler Lehrplan eines Nürnberger Gymnasiums

Klassenstufe	Fach	Lerninhalte	Themen vor Ort	Projektangebote
5	Ev. Religion	Christentum vor Ort	Nürnberg als Zentrum der Reformation	Auf Luthers und Melanchthons Spuren. Ein historischer Spaziergang
	Ethik	Spielen und Lernen	Spielzeug aus Nürnberg – für die Kinder dieser Welt	Teilnahme am alljährlichen Spiele-TÜV des Caritas-Pickheimer-Hauses
	Deutsch	Sagen und Märchen	Sagenhafte Orte in unserer Stadt	Sagen-Parcours in den Felsengängen unter der Nürnberger Burg (mit Eltern)
	Natur und Technik	Der menschliche Körper	Das Erfahrungsfeld zur Entfaltung der Sinne	Nachbau der wichtigsten Attraktionen für einen „Jahrmarkt der Sinne"
	Musik	Komponistenbiografien	Johann Pachelbel – ein Komponist aus Nürnberg	Einstudierung des Kanons in D-Dur – und Umformung des Stücks zu einem Pachelbel-Rap
6	Ev. Religion	Menschen in besonderen Situationen	Behinderte in unserer Stadt	Gemeinsamer Besuch des Christkindlesmarktes mit einer Klasse des Wichernhauses

Lehrer verändern Schule *Jetzt*

Klassenstufe	Fach	Themen vor Ort	Themen vor Ort	Projektangebote
7	Englisch	Interkulturelles Lernen	Amerikanische Sportarten in Nürnberg	Aufbau einer Cheer-Leaders-Formation für die Fußballmannschaft der Schule/Probetraining im American Football
	Geschichte	Menschen in vorgeschichtlicher Zeit	Die prähistorische Sammlung des Germanischen Nationalmuseums	Teilnahme an einem Projekt des Kunstpädagogischen Zentrums
	Kunst	Utopische und fantastische Form-Erfindungen	Das Depot des Neuen Museums für Kunst und Design	Konstruktion von Unsinnsmaschinen nach dem Vorbild von Tinguelys
	Kath. Religion	Der Islam	Muslimisches Leben in Nürnberg	Besuch einer Moschee und Gespräch mit dem Imam
	Ethik	Feste und ihre Bedeutung für die Gemeinschaft	Das Nürnberger Friedensmahl – eine wiederentdeckte Tradition	Teilnahme am Friedensmahl mit einer großen Tafel für Schüler, Eltern und Lehrer
	Mathematik	Daten und Diagramme	Die monatlichen Daten der Bundesagentur für Arbeit	Besuch in der Grafik-Abteilung der Bundesagentur
	Geschichte	Die Stadt in Mittelalter und früher Neuzeit	Albrecht Dürer – der größte Sohn unserer Stadt	Produktion eines Audio-Guides für den Albrecht-Dürer-Weg durch die Nürnberger Altstadt

Eigener Lehrplan

Klassenstufe	Fach	Lerninhalte	Themen vor Ort	Projektangebote
8	Sport	Freizeit und Umwelt	Die Heimspiele des 1. FCN als Umweltproblem	Foto-Collage zur Entsorgungssituation nach einem Bundesligaspiel des „Clubs"
	Ev. Religion	Leben in vielfältigen Familienformen	Das Nürnberger „Bündnis für Familie"	Teilnahme an einem Thementag der evangelischen Familienbildungsstätte
	Deutsch	Medien nutzen und reflektieren	Nürnberg als Standort alternativer Medienanbieter	Produktion eines Hörfunk-Features beim Ausbildungssender MAX
	Biologie	Das Ökosystem „Wald"	Der Nürnberger Reichswald als ökologisches Risikogebiet	Mitarbeit in einem Aufforstungsprojekt des Bund Naturschutz in Bayern e.V.
	Geschichte	Die Zeit um 1000 n.Chr.	Die erste urkundliche Erwähnung Nürnbergs im Jahre 1050	„Sigena aktuell" – Herausgabe einer Boulevardzeitung für das Jahr 1050
9	Kath. Religion	Das Judentum: Weltreligion und Wurzel des Christentums	Die Nürnberger Gesetze als Auftakt der Judenverfolgung in der NS-Zeit	Werkstattgespräch mit der Schriftstellerin Christiane Kohl („Der Jude und das Mädchen")

Lehrer verändern Schule ⇨ *Jetzt*

Klassen-stufe	Fach	Lerninhalte	Themen vor Ort	Projektangebote
	Englisch	Umgang mit englischsprachigen Medien	Die Geschichte des Senders AFN in Nürnberg der Nachkriegszeit	Besuch einer Sonderausstellung zum Thema im Rundfunkmuseum Fürth
	Informatik	Datensicherheit und Datenschutz	Die Arbeit des Datenschutzbeauftragten der Stadt Nürnberg	Fachgespräch mit dem Datenschutzbeauftragten im Rahmen des Unterrichts.
	Wirtschafts- und Rechtslehre	Kosumentenverhalten	Nürnberg als Zentrum der bundesdeutschen Konsumforschung	Erzählcafé mit ehemaligen Schülern, die inzwischen bei der Gesellschaft für Konsum- und Marktforschung arbeiten.
	Kunst	Gestaltung im öffentlichen Raum	Stationen des lokalen Erinnerns: Denkmäler in Nürnberg	Ideenwettbewerb für ein Denkmal, das an die erste Generation von Gastarbeitern erinnern soll.
10	Ethik	Geschlechterrollen im Wandel der Zeit	Nürnbergs vergessene Frauen	Teilnahme am „Weibertag" des Germanischen Nationalmuseums

Eigener Lehrplan

Klassenstufe	Fach	Lerninhalte	Themen vor Ort	Projektangebote
	Physik	Energietechnik	Nürnberg als Referenzraum für alternative Energien	Besuch bei SOLID – dem Beratungszentrum für die Nutzung von Solarenergie. Führung durch die Sonderausstellung „Photovoltaik für Häuslebauer"
	Geschichte	Deutschland in der Zeit des Nationalsozialismus	Nürnberg – die Stadt der Reichsparteitage	Teilnahme an einem Seminartag im Doku-Zentrum „Ehemaliges Reichsparteitagsgelände"/Arbeit im „Stürmer-Archiv" des Nürnberger Stadtarchivs
	Sozialkunde	Anspruch und Wirklichkeit der Menschenrechte	Nürnberg als Stadt des Friedens und der Menschenrechte	Teilnahme an einer Fachtagung anlässlich der Verleihung des Internationalen Nürnberger Menschenrechtspreises/Aufstellung einer zusätzlichen Säule in der Straße der Menschenrechte

⇨ PISA B

Die Schule stellt sich gerne als eine pädagogische Provinz dar, die zunächst einmal nur durch sich selbst legitimiert ist. Bildung wird da als ein Wert an sich gehandelt und der Lehrplan als eine interne Angelegenheit verteidigt. Dieses Selbstverständnis der Schule kann aber nicht darüber hinwegtäuschen, dass es sich hier letztlich um einen Zuliefererbetrieb handelt, der die Vorgaben von Wirtschaft und Gesellschaft zu erfüllen hat. So erklärt es sich vielleicht, warum **die Schule ihre wichtigste Aufgabe darin sieht, die Schüler auf eine erfolgreiche berufliche Zukunft vorzubereiten** und sie für den Überlebenskampf in der Arbeitswelt fit zu machen. Der Mensch definiert sich aber nicht nur über seinen Arbeitsplatz und sogar hoch qualifizierte Arbeitnehmer müssen inzwischen damit rechnen, wenigstens für eine begrenzte Zeit arbeitslos zu werden.

Für den Alltag lernen, für das Leben lernen

Auf eine solche Existenz außerhalb der Arbeitswelt aber, werden die Schüler denkbar schlecht vorbereitet: Viele haben nicht gelernt, mit dem knapper werdenden Geld umzugehen, für ausreichende Bewegung und eine gesunde Ernährung zu sorgen oder sich am kulturellen und politischen Leben ihres Gemeinwesens zu beteiligen. Mögen sie auch in der Lage sein, den Satz des Pythagoras herzuleiten oder Tempus und Modus voneinander zu unterscheiden – den Herausforderungen des Alltags sind sie oft nicht gewachsen. Von Soziologen werden diese jungen Leute deshalb oft als „Analphabeten des Alltags" beschrieben – auch wenn sie sich nicht auf Dauer hinter den Sachzwängen einer Erwerbsgesellschaft verstecken können. Spätestens im Erziehungsurlaub oder in Zeiten der Arbeitslosigkeit wird diese Schülergeneration ihr Mangel an Lebenspraxis einholen.
Das gilt übrigens für benachteiligte Schüler ebenso wie für Kinder aus bildungsaktiven Elternhäusern. Während es den einen an überzeugenden

Eigener Lehrplan

Vorbildern fehlt, werden die anderen vor allen profanen Alltäglichkeiten abgeschirmt.

„Nicht für die Schule, sondern für den Arbeitsplatz lernen wir." – Dieser Satz taucht in keinem Poesiealbum auf, bestimmt aber an vielen Schulen den heimlichen Lehrplan. Weil es sich aber keine Schule erlauben kann, ihre Schüler mit solchen Defiziten ins Leben zu entlassen, muss hier nachgebessert werden. Mit dem Projekt „PISA B" bietet sich hier eine praktikable Alternative an. Dabei geht es freilich nicht um die in der PISA-Studie erhobenen Kenntnisse im Lesen, in Mathematik oder in den Naturwissenschaften. Denn das B steht hier für Biografie: Im Rahmen dieses Projekts sollen also nicht die bekannten Lerninhalte vermittelt, sondern biografische Kompetenzen erworben werden. **Dazu muss sich jede Schule auf einen Katalog unverzichtbarer Alltagserfahrungen verständigen.** Und je konkreter diese formuliert sind – umso leichter werden sich auch die Schüler für ein solches Projekt gewinnen lassen.

Nicht für die Schule, sondern für den Arbeitsplatz lernen wir.

Die Schüler besuchen Einrichtungen, die für sie mit großen Schwellenängsten verbunden sind. Sie holen sich von Fachleuten Rat, deren Existenz ihnen bislang verborgen war. Und sie organisieren ihren Alltag nach Grundsätzen, für die es in ihrem Leben bisher keine Vorbilder gab. Im Mittelpunkt steht jeweils nicht die theoretische Unterweisung, sondern die praktische Erprobung. Mit PISA B wird der Alltag selbst zu einer ebenso notwendigen wie spannenden Lektion.

1.

Kopiervorlage

Arbeit ▸

- ☐ Du besuchst das Berufsinformationszentrum des Arbeitsamtes und unterziehst dich dort einem Berufseignungstest.
- ☐ Du formulierst für dich eine Stellenanzeige und stellst sie ins Internet.
- ☐ Du nimmst an einem Bewerbungstraining der Allgemeinen Ortskrankenkasse teil und lässt dir diese Teilnahme zertifizieren.
- ☐ Du besuchst das Haus des Deutschen Gewerkschaftsbundes und seiner Einzelgewerkschaften und erkundigst dich hier nach den Beratungsangeboten für junge Leute.
- ☐ Du nimmst an einer öffentlichen Veranstaltung der örtlichen Erwerbsloseninitiative teil und lässt dir dort einen Ansprechpartner nennen.

Geld ▸

- ☐ Du erkundigst dich in der benachbarten Filiale der örtlichen Sparkasse nach den Voraussetzungen für die Eröffnung eines Kontos.
- ☐ Du suchst die Sprechstunde der Schuldnerberatung auf und lässt dir zeigen, wie du mit deinem Geld in Zukunft besser klarkommst.
- ☐ Du informierst dich im Büro der Verbraucherzentrale darüber, worauf es bei der Aufnahme eines Kredits ankommt und wie man sich hier vor Betrügern und Wucherern schützen kann.
- ☐ Du informierst dich im Internet über die Aktivitäten des Tauschrings „Gib und Nimm" und beteiligst dich daran mit wenigstens einem Angebot.

Konsum ▸

- ☐ Du vergleichst zu 50 Produkten deiner Wahl die Preise unterschiedlicher Anbieter und erstellst dazu ein Ranking der preiswertesten Einzelhandelsgeschäfte.

Eigener Lehrplan

— Kopiervorlage —

- [ ] Du versuchst, jeweils einen Gegenstand über persönliche Kontakte, über ein kommerzielles Anzeigenblatt und über ein Internetauktionshaus zu veräußern.
- [ ] Du beteiligst dich mit einem eigenen Stand an einem Flohmarkt in deiner Gemeinde.
- [ ] Du nimmst an einer Auktion des städtischen Fundamtes teil und ersteigerst dort wenigstens einen Gegenstand.

Verkehr ●

- [ ] Du ermittelst für 20 unterschiedliche Ziele im Stadtgebiet die jeweils kürzesten Verbindungen mit öffentlichen Verkehrsmitteln.
- [ ] Du kaufst dir ein Ferienticket der städtischen Verkehrsbetriebe und versuchst, damit möglichst viel herumzukommen.
- [ ] Du ermittelst für 20 unterschiedliche Ziele im Stadtgebiet die jeweils kürzesten, sichersten und attraktivsten Fahrradrouten.
- [ ] Du planst eine Reise mit dem Wochenendticket der Deutschen Bahn und versuchst dabei, möglichst viel von Deutschland mitzubekommen.
- [ ] Du nutzt die Angebote einer Mitfahrzentrale, um möglichst preisgünstig in eine andere deutsche Stadt zu gelangen.

Wohnen ●

- [ ] Du entwirfst einen Plan für die Umgestaltung deines Jugendzimmers und bemühst dich dabei um möglichst kostengünstige Lösungen.
- [ ] Du erkundigst dich nach den aktuellen Sperrmüll-Terminen und suchst dir ein interessantes Stück für dein Zimmer aus.

1.

Kopiervorlage

	☐ Du quartierst dich für eine Nacht in einer Wohngemeinschaft ein und entscheidest, ob du dich mit dieser Wohnform anfreunden könntest.
	☐ Du orientierst dich im Wohnungsmarkt einer Tageszeitung und markierst alle Angebote, die für dich in Frage kämen.
Gesundheit ▶	☐ Du nimmst dir vor, den Tag jeweils mit einem 15-minütigen Fitness-Programm zu beginnen.
	☐ Du entscheidest dich dafür, eine Sportart regelmäßig zu betreiben, und schließt dich dazu einem Verein oder einer Gruppe von Gleichgesinnten an.
	☐ Du nutzt die Fastenzeit, um sechs Wochen lang auf Zigaretten, Alkohol oder Süßigkeiten zu verzichten.
	☐ Du nimmst am Gesundheitsmarkt in deiner Stadt teil und informierst dich über die Angebote des Gesundheitsamtes, der Krankenkassen oder der vor Ort aktiven Selbsthilfegruppen.
Ernährung ▶	☐ Du notierst, wovon du dich im Verlauf einer Woche ernährst, und gehst diese Bilanz mit einer Ernährungsberaterin durch.
	☐ Du entwirfst mit Hilfe eines Grafikprogramms eine Kalorientabelle und hängst diese in der Küche deiner Wohnung auf.
	☐ Du gewöhnst dich daran, das Kleingedruckte auf den Lebensmittelverpackungen zu lesen, und informierst dich über die hier geläufigen Fachbegriffe und Abkürzungen.
	☐ Du nimmst dir vor, innerhalb eines Jahres 25 Gerichte selber zuzubereiten, und gestaltest dazu dein ganz persönliches Rezeptbuch.

Eigener Lehrplan

Kopiervorlage

Bildung ▸

- ☐ Du nutzt das Wahlfachangebot deiner Schule und nimmst während deiner Schulzeit wenigstens an einer Schüler-AG teil.

- ☐ Du nutzt den Tag der Offenen Tür, wie er von der Stadtverwaltung durchgeführt wird, und besichtigst eine Einrichtung, zu der dir der Zutritt sonst verwehrt ist.

- ☐ Du informierst dich im Internet über die Angebote der Volkshochschule oder anderer Bildungsträger und erkundigst dich nach Gebührensätzen und Anmeldebedingungen.

Kultur ▸

- ☐ Du versuchst, an einem Tag in der Woche ganz ohne Fernseher und DVD-Player auszukommen und dich stattdessen von anderen Medien unterhalten zu lassen.

- ☐ Du lässt dich als Leser der Stadtbibliothek registrieren und leihst dir mit dem neuen Leseausweis einmal im Vierteljahr ein Buch aus.

- ☐ Du markierst auf einem Stadtplan die interessantesten Kultureinrichtungen deiner Stadt und hängst diesen Plan in deinem Zimmer auf.

- ☐ Du orientierst dich im virtuellen Veranstaltungskalender deiner Stadt und notierst dir alle kostenlosen Angebote.

- ☐ Du besuchst die Aufführung der Theater-AG einer benachbarten Schule oder eine Schüleraufführung im Stadttheater.

- ☐ Du informierst dich, an welchem Wochentag die Museen in deiner Stadt kostenlos geöffnet sind, und nutzt dieses Angebot wenigstens einmal im Halbjahr.

Lehrer verändern Schule ⇨ *Jetzt*

Kopiervorlage

Religion ▶

- ☐ Du besuchst eine orthodoxe Kirche, eine Synagoge und eine Moschee und notierst anschließend deine Eindrücke.

- ☐ Du besuchst den Gottesdienst in einer Freikirche und nimmst anschließend am gemeinsamen Frühstück teil.

- ☐ Du besuchst einen Gottesdienst, der sich an eine besondere Zielgruppe wendet oder an einem ausgefallenen Ort stattfindet.

- ☐ Du informierst dich im Telefonbuch über die kirchlichen Beratungsstellen und bewahrst die interessantesten Nummern in deinem Geldbeutel auf.

2. Neue Lern- und Arbeitsformen

Die Erneuerung der Schule kommt unterschiedlich gut voran. Vom Leitbild einer demokratischen Schule zum Beispiel, ist man in Deutschland noch meilenweit entfernt. Und auch die unselige Praxis des Sitzenbleibens scheint niemand ernsthaft in Frage zu stellen. Auf anderen Gebieten dagegen, hat sich an deutschen Schulen viel getan. Hier ähnelt die Bildungslandschaft bereits einer riesigen Reformbaustelle, überbieten sich Lehrer und Politiker in ihren innovativen Anstrengungen. Ein überzeugendes Beispiel dafür ist die Einführung neuer Lern- und Arbeitsformen. Hier hat sich inzwischen die Einsicht durchgesetzt, dass der klassische Frontalunterricht nicht viel bringt und dass die allgegenwärtige Methode des Lehrervortrags allmählich aus dem Klassenzimmer verbannt werden sollte. Eine neue Generation von Lehrplänen propagiert den interdisziplinären Unterricht oder das Lernen in Projekten. In der Lehrerfortbildung machen sich altgediente Pädagogen mit der Leittextmethode oder der Internet-Recherche vertraut. Kaum einen scheint da mehr zu interessieren, was die Schüler zu lernen haben. Wo alles Methode ist, bleiben die Inhalte notgedrungen auf der Strecke.

Methodenwechsel im Klassenzimmer

Diese Fokussierung auf den Methodenaspekt bestimmt inzwischen auch die Schulentwicklung. Hier spielen Fragen der Personalentwicklung kaum noch eine Rolle, scheint sich auch für Fragen der Organisationsentwicklung kaum noch einer zu interessieren. **Schulentwicklung = Unterrichtsentwicklung:** Das scheint die Zauberformel zu sein, nach der der Umbau des deutschen Schulwesens organisiert werden soll.

Der Anstoß für einen Methodenwechsel im Klassenzimmer kommt nicht nur aus den Schulen selbst. So fordert die deutsche Wirtschaft schon lange, die Lernziele nicht länger an den Inhalten auszurichten, sondern an den Grundkompetenzen der Schüler: Was heute an Inhalten und Themen vermittelt werde, sei in ein paar Jahren ohnehin längst überholt. Die Nachfrage nach Schlüsselqualifikationen wie Teamfähigkeit oder Eigenverantwortlichkeit aber werde in Zukunft noch steigen. Und gerade darauf seien unsere Schüler kaum vorbereitet. Die Bildungspolitiker und die Erziehungswissenschaftler aber treiben ganz andere Motive um: Sie verweisen darauf, dass an deutschen Schulen nicht effektiv genug gelernt werde und der Output des Unterrichts oft erschreckend gering ausfalle. Entscheidend sei nicht, was den Schülern beigebracht werde, sondern was schließlich bei ihnen hängen bleibe – und das sei nicht eben viel. Dabei können sie sich auf die Ergebnisse internationaler Leistungsvergleiche wie PISA, TIMSS oder IGLU berufen. Auch viele Lehrkräfte halten einen Methodenwechsel für überfällig – wenn sie sich dabei auch von ganz anderen Motiven leiten lassen: Ihnen geht es vorrangig um eine humane und demokratische Kultur des Lernens; und die vertrage sich nun einmal nicht mit den Methoden der alten Paukschule. Sie sehen in den Schülern keine willenlosen Lernobjekte, denen ein mehr oder weniger verdaulicher Lernstoff einzutrichtern wäre. Stattdessen wollen sie die Schüler als Subjekte des Unterrichtsgeschehens ernst nehmen und damit auch im Klassenzimmer ein Stück Selbstbestimmung verwirklichen.

Damit ist an den Schulen vieles in Bewegung geraten, ohne dass man sich über die Richtung schon einig wäre. Dementsprechend muss sich jeder Lehrer, muss sich jede Schule zwischen zwei konkurrierenden Ansätzen entscheiden:

A Ein Ansatz folgt der Tradition der Reformpädagogik und stellt das Kind mit seinen Bedürfnissen, aber auch mit seinem Anspruch auf Autonomie in den Mittelpunkt des Methodenwechsels: **Das Kind selbst soll mitentscheiden können, was und wie es lernen will.** Und es soll auch über Zeitpunkt und Tempo befinden. Der Unterricht ist nicht mehr fremdbestimmt, sondern folgt dem naturwüchsigen Interesse der Schüler. Einen solchen Methodenwechsel hat die Grundschule schon vor vielen Jahren eingeleitet, ohne dass ihr die weiterführenden Schulen darin gefolgt wären. So haben viele Grundschulen das Prinzip der Freiarbeit fest im Stundenplan verankert, und auch die Ausstattung vieler Klassenzimmer orientiert sich inzwischen an den Erfordernissen eines materialgeleiteten Lernens.

B Ein anderer Ansatz geht davon aus, dass jede neue Methode scheitern muss, wenn die Schüler damit nicht umgehen können. Einer veränderten Methodenpraxis habe deshalb zunächst ein Erlernen solcher Methoden vorauszugehen. Vor allem an den Gymnasien scheint diese Position populär. Hier finden in den einzelnen Jahrgangsstufen Methodentage statt, hier werden schon die Fünftklässler in einem mehrtägigen Methodentraining auf die neuen Lern- und Arbeitsformen vorbereitet und hier wird sogar den Eltern eine entsprechende Schulung angeboten. **Ziel ist es jeweils, die Schüler zu einem Eigenverantwortlichen Lernen und Arbeiten (EVA) hinzuführen.** Sie müssen sich dann nicht mehr von einem übermächtigen Lehrer unterweisen lassen, sondern erarbeiten sich den Lernstoff selbstständig, um später ihren Mitschülern die Ergebnisse ihrer Recherchen zu präsentieren. Dazu werden Methodensicherheit, Teamfähigkeit und kommunikative Kompetenz verlangt. Und darauf müssen die Schüler vorbereitet sein.

Entscheidend bleibt wohl, ob mit dem Methodenwechsel nur andere Techniken des Lernens und Vermittelns eingeführt werden – oder ob ins Klassenzimmer wirklich ein neuer Geist einkehrt. Denn schließlich soll nicht nur effektiver, sondern auch kindgerechter, lebensnäher und selbstbestimmter gelernt werden. Und das setzt nun einmal eine andere Lernkultur voraus.

Mit der Einführung eines *Stundenwächters* wird die stärkere Einbeziehung der Schüler in das Unterrichtsgeschehen institutionalisiert. Der *Methodenführerschein* hilft ihnen, ihre Kompetenz im Umgang mit den neuen Arbeitstechniken richtig einzuschätzen. Die Arbeit im Team wird aufgewertet, wenn sich die Schüler über das Gelernte und Erarbeitete in Gruppen prüfen lassen können – so wie das mit einem *Gruppentest* möglich ist. Schließlich bündeln sich die neuen Lern- und Arbeitsformen in der *Sommerschule* zu einem so attraktiven Programm, dass sich die Schüler damit belohnen lassen.

▷ Der Stundenwächter

„Wenn alles schläft und einer spricht, so nennt man dieses Unterricht."

Dieser Pennälerreim dürfte vor vielen Jahrzehnten entstanden sein. Und der von Routine und Langeweile geplagte Schüler, der die beiden Zeilen ersonnen hat, wird wohl schon längst für immer eingeschlafen sein. Und doch könnte dem anonymen Spötter auch heute noch so mancher Schüler zustimmen. Denn auch in den Klassenzimmern des 21. Jahrhunderts hat der Lehrervortrag seinen festen Platz, sind die Aktivitäten zwischen Lehrern und Schülern sehr einseitig verteilt.

Wenn der Lehrer einen Assistenten bekommt

Tatsächlich erleben viele Schüler den Lehrer als den einzigen Aktivposten des Unterrichtsgeschehens, während sie selber mit einer Zuschauerrolle vorliebnehmen müssen. Der Lehrer ist schließlich nicht nur für die Vermittlung des Lernstoffs zuständig. Er ist auch dafür verantwortlich, dass die Schüler ihre Noten bekommen, dass die Disziplin im Klassenzimmer stimmt und dass die Hausaufgaben korrekt gestellt sind. Ja, sogar um das Umstellen der Tische, das Austeilen der Arbeitsblätter und das Einlegen einer DVD hat sich das Lehrpersonal zu kümmern – obwohl solche Aufgaben ebenso gut auch von Schülern erledigt werden könnten. Mit der Institution des Stundenwächters wird der Versuch gemacht, die Verantwortung für den Unterrichtsablauf in einem begrenzten Umfang an die Schüler zu delegieren.

Zunächst hat der Stundenwächter dafür zu sorgen, den Lehrer von organisatorischen Aufgaben zu entlasten. Er wird damit zum Assistenten des

Lehrers, der viele Einzelaufgaben in eigener Verantwortung erledigt. Gleichzeitig ist er dafür verantwortlich, dass der Unterricht die Schüler auch wirklich erreicht, der Stoff also immer anschaulich und verständlich vermittelt wird. Deshalb müssen die Lehrkräfte immer mit einem Feedback des Stundenwächters rechnen. Und damit sich jeder Schüler einmal in dieser Rolle erleben kann, sollte dieses Amt ebenso im Rotationsverfahren vergeben werden wie der Tafel- oder der Ordnungsdienst.

Eine Weiterentwicklung dieses Amtes ist über den Einsatz des *Interventionskoffers* möglich: Äußerlich erinnert dieser an den in der Erwachsenenbildung inzwischen unverzichtbaren Moderationskoffer. Auch der Interventionskoffer enthält zahlreiche Hilfsmittel und Materialien – wie Karteikarten, Stifte, Scheren, Kleber, Nadeln und Markierungspunkte. **Aufgabe des Stundenwächters ist es, sich aktiv in das Unterrichtsgeschehen einzubringen und dafür gegebenenfalls den Ablauf einer Stunde zu unterbrechen.** Er kann sich dabei unterschiedlicher Methoden bedienen und kann dazu die Materialien aus dem Interventionskoffer verwenden. Dabei steht es ihm frei, ob er die Mitschüler während des Unterrichts beobachtet, den Lernertrag einer Stunde überprüft oder den Lehrer mit einem Feedback konfrontiert. Immer übernimmt der Stundenwächter einen Teil des Unterrichts, der Planung und des Ablaufs einer Stunde. Seine Rolle ist nicht mehr die eines Assistenten, sondern eher die eines Koreferenten, der sich mit dem Lehrer die Verantwortung für den Unterricht teilt. Insofern sollte der Einsatz des Stundenwächters auch Ausdruck einer kooperativen und demokratischen Lernkultur sein (siehe auch:
Jonas Lanig: Gegen Chaos und Disziplinschwierigkeiten, Eigenverantwortung in der Klasse fördern, S. 84 ff.).

● „Ich bin Stundenwächter"

Und das sind meine Aufgaben:

Kopiervorlage

 Ich muss dafür sorgen, dass die Tische und Stühle so gestellt sind, wie es für den Stundenablauf notwendig ist.

 Ich habe sicherzustellen, dass die Tafel gewischt und genügend Kreide vorhanden ist.

 Ich bin dafür verantwortlich, dass die Arbeitsblätter, Atlanten, Laborgegenstände u.Ä. rechtzeitig an die Schüler verteilt werden.

 Ich muss den Lehrkräften Bescheid sagen, wenn eine Hausaufgabe für viele Schüler nicht zu lösen war.

 Ich muss eine Lehrkraft darauf hinweisen, wenn eine mündliche Note von der Klasse als ungerecht empfunden wurde.

 Ich muss die Lehrkräfte gegebenenfalls auffordern, einen Sachverhalt noch einmal zu erklären.

 Ich muss die Lehrkräfte darauf aufmerksam machen, wenn von Seiten der Schüler Diskussionsbedarf besteht.

 Ich muss die Lehrkräfte rechtzeitig daran erinnern, dass die Stunde bald zu Ende ist.

 Ich muss den Lehrkräften mitteilen, wenn die Stellung der Hausaufgabe von manchen Mitschülern nicht verstanden wurde.

 Ich muss den Lehrkräften jeweils eine Rückmeldung über den Stundenverlauf geben.

 Ich muss dafür sorgen, dass meine Klasse den Raum in einem zivilisierten Zustand verlässt.

 Ich bin nach Unterrichtsschluss dafür verantwortlich, dass die Stühle auf den Tischen stehen und dass alle Fenster geschlossen sind.

⚪ Aus dem Interventionskoffer

Kopiervorlage

Als Stundenwächter/in musst du dich in einer Stunde wenigstens einmal einbringen: Du kannst dich an den Vorbereitungen auf die Stunde beteiligen, du kannst die Vorkenntnisse deiner Mitschüler abfragen oder du kannst ein Feedback über den Stundenverlauf organisieren. Dabei helfen dir die Materialien aus dem Interventionskoffer. Auch die folgenden 20 Methoden können dir dabei eine Hilfe sein:

1 Das ABC-Protokoll

Du verteilst zu Stundenbeginn selbstklebende Zettel, auf denen jeweils ein anderer Buchstabe notiert ist – von A bis Z. Deine Mitschüler verfolgen den Verlauf der Stunde. Fällt ein wichtiger Begriff, der mit „ihrem" Buchstaben beginnt – so notieren sie diesen Begriff und kleben den Zettel an die Tafel.

2 Die Ampeln

Du faltest für jeden Mitschüler eine Karteikarte im DIN-A5-Format – sodass sich die Karte aufstellen lässt. Auf die Vorderseite wird ein grüner, auf die Rückseite ein roter Punkt geklebt. Wenn der Lehrer das Thema der Stunde genannt hat, müssen sich die Schüler entscheiden: Zeigen Sie dem Lehrer die Seite mit dem grünen Punkt, dann signalisieren Sie ihm, dass sie das Thema der Stunde interessiert. Zeigen Sie ihm den roten Punkt, dann spricht sie das Thema überhaupt nicht an. Und dann werden Sie vom Lehrer in dieser Stunde auch in Ruhe gelassen.

3 Das Blitzlicht

Du holst am Ende der Stunde von deinen Mitschülern ein kurzes Feedback ein. Dazu formulierst du einen Satzanfang („Neu war für mich in dieser Stunde ...") und wirfst einem Mitschüler einen Softball zu. Der muss diesen Satz dann zu Ende führen („... wie viel Christentum und

Islam gemeinsam haben.") Dann wird der Ball weitergeworfen. Und jeder, der ihn fängt, muss sich um eine andere Fortsetzung bemühen. Wenn deinen Mitschülern nichts mehr einfällt, gibst du den nächsten Satzanfang vor.

Kopiervorlage

4 Das Fremdwörter-Protokoll

Du notierst auf einer Folie alle Fremdwörter, die während der Stunde genannt werden. Fünf Minuten vor dem Ende der Stunde legst du die Folie auf. Deine Mitschüler müssen jetzt der Reihe nach erläutern, was diese Fremdwörter bedeuten. Scheitern sie an dieser Aufgabe, muss das nicht unbedingt gegen die Schüler sprechen.

5 Gleitzeit

Du formulierst zehn Fragen zum Inhalt der Stunde, die von deinen Mitschülern schriftlich beantwortet werden müssen. Du beginnst mit der schwierigsten Frage und sorgst dafür, dass die Fragen immer einfacher werden. Wer eine Frage richtig beantwortet hat, darf seine „sieben Sachen" packen und das Klassenzimmer früher verlassen.

6 Groß und klein

Du überlegst dir zu Hause unterschiedliche Kriterien, nach denen sich eine Stunde bewerten lässt („Aktualität", „Methodeneinsatz", „Verständlichkeit" u.Ä.). Jedes Kriterium schreibst du auf einen Zettel, den du an einen Mitschüler weitergibst. Außerdem erhalten die Schüler ein großes Blatt, einen dicken Filzschreiber und einen Klebestreifen. Nach der Stunde notieren die Schüler „ihr" Kriterium – ganz groß, wenn es in dieser Stunde erfüllt wurde, und ganz klein, wenn die Stunde in dieser Hinsicht nicht viel zu bieten hatte. Die Blätter werden dann an der Tafel aufgehängt.

7 Der Joker

Du findest im Interventionskoffer eine Spielkarte in Übergröße, die einen Joker zeigt. Während der Stunde achtest du auf die Aufträge, die euch von den Lehrkräften gestellt werden. Wenn du der Meinung bist, dass ein Auftrag ebenso gut von euren Eltern erledigt werden könnte, hältst du den Joker hoch. Dann müssen sich eure Eltern dieser Aufgabe stellen – und in der nächsten Stunde wird überprüft, wie sie damit zurechtgekommen sind.

8 Der Lehrer-TÜV

Du arbeitest zu Hause eine Checkliste aus, mit deren Hilfe sich das Verhalten eines Lehrers genau beobachten lässt. Hier wird gefragt: „Werden unbekannte Begriffe erklärt?", „Wechseln Tonhöhe und Sprechtempo?" oder „Bekommen alle Schüler, die sich melden, eine Chance?" Während der Stunde hakst du alle Kriterien ab, die der Lehrer erfüllt; die anderen bleiben offen. Am Ende der Stunde stellst du das Ergebnis deines Lehrer-TÜVs vor.

9 Die Bild-Stationen

Du stellst die einzelnen Stationen des Stundenverlaufs in grafischer Form dar. Dazu malst du große Bilder auf einen Flipchart-Block. Damit folgst du dem Vorbild der so genannten Moritatensänger, die einst mit solchen Bilderfolgen über die Jahrmärkte zogen. Gegen Ende der Stunde schlägst du die einzelnen Bilder auf – und lässt dir von deinen Mitschülern erläutern, um was es dabei gegangen ist.

10 Die Motor-Inspektion

Zu Beginn des Unterrichts verteilst du an jeden Mitschüler einen Markierungspunkt und bittest den Lehrer, den Inhalt seiner Stunde in 100 Sekunden zu skizzieren. Dann markieren die Schüler auf einer Folie, wie stark sie das Thema der Stunde anspricht – und womit sie sich vielleicht lieber beschäftigen würden.

Neue Lern- und Arbeitsformen

11 Die Notenkonferenz `Kopiervorlage`

Du teilst die Klasse in mehrere Gruppen ein und weist jeder Gruppe ein Fach zu, in dem sich der Lehrer während des Stundenverlaufs beweisen muss. So kann es in „Sport" um seine Laufleistung während des Unterrichts gehen, in „Kunst" um seine Gestaltung des Tafelbildes und in „Physik" um sein Geschick in technischen Dingen. Gegen Ende der Stunde erhält der Lehrer dann in jedem dieser Fächer eine Note – und damit so etwas wie ein kleines Zeugnis.

12 Eine Pause in der Stunde

Wenn du die Zeit für gekommen hältst, forderst du den Lehrer auf, eine fünfminütige Pause einzulegen. Dazu hast du das Recht. Die Pause sollte von deinen Mitschülern genutzt werden, um das Gespräch mit ihren Banknachbarn zu suchen. Anschließend überprüfst du, worüber sich die Schüler ausgetauscht haben – und welche Rolle dabei das eigentliche Thema der Stunde gespielt hat.

13 Das Profil

Du bereitest zu Hause eine Folie vor, auf der du gegensätzliche Begriffspaare notierst. Alle Begriffe haben mit der Qualität des Unterrichts zu tun. So kann der Unterricht „eintönig" oder „abwechslungsreich" sein, die Darstellung des Lehrers kann „abstrakt" oder „anschaulich" ausfallen und seine Sprache kann als „abgehoben" oder als „verständlich" bewertet werden. Durch ein Kreuz markierst du für jedes Begriffspaar, wie diese Stunde von dir beurteilt wurde.

14 Die Prämienziehung

Hierfür benötigst du eine Tüte Bonbons, die ebenfalls zum Inhalt des Interventionskoffers gehört. Du beobachtest während des Stundenverlaufs sehr genau das Verhalten deiner Mitschüler. Vor allem interessiert dich dabei, wie aktiv oder wie teilnahmslos sie dem Unterrichtsgespräch folgen. Am Schluss der Stunde verteilst du die Bonbons an deine

Mitschüler – und jeder bekommt so viele, wie es seinem Einsatz in dieser Stunde entspricht.

Kopiervorlage

15 Die Schlange

Du verfolgst den Verlauf der Stunde und notierst dir dazu möglichst viele Fragen, die jeweils mit „Ja" oder „Nein" zu beantworten sind. Nach dem Ende der Stunde stellen sich deine Mitschüler vor der Tür des Klassenzimmers auf. Jeder muss dann eine deiner Fragen beantworten. Wer mit seiner Antwort richtig liegt, kann sich in die Pause verabschieden – wer sich geirrt hat, muss sich ans Ende der Schlange begeben und sich dort von Neuem anstellen.

16 Die Stunden-Horoskope

Zu Hause hast du kleine Kärtchen vorbereitet und auf ihnen notiert, wie sich einzelne Schüler während der Stunde verhalten dürften („Du wirst dich unglaublich langweilen.", „Für dich wird alles ganz neu sein.", „Du wirst irgendwann abschalten." usw.) Vor Unterrichtsbeginn erhält jeder Schüler ein passendes Kärtchen. Kurz vor Stundenende müssen deine Mitschüler notieren, ob deine Verhaltensprognose richtig war. Beachte, dass noch genug Zeit bis zum Ende der Stunde bleibt, um die Ergebnisse vorzulesen.

17 Der Teleprompter

Du notierst dir während des Unterrichts die wichtigsten Stichwörter auf einer Folie. Vor dem Ende des Unterrichts wird ein Schüler aus der Parallelklasse ins Klassenzimmer geholt und mit deinen Notizen konfrontiert. Er muss dann anhand dieser Stichwörter den Verlauf der Stunde rekonstruieren.

Neue Lern- und Arbeitsformen

Kopiervorlage

18 Die Tombola

Deine Mitschüler erfahren zu Beginn der Stunde, um welches Thema es gehen soll. Sie notieren auf einem Kärtchen einen Begriff, einen Namen, eine Jahreszahl o.Ä., von denen in dieser Stunde die Rede sein könnte. Du verfolgst den Stundenverlauf sehr genau und sortierst alle Kärtchen aus, die tatsächlich mit dem Stundenverlauf zu tun haben. Wie oft haben deine Mitschüler mit ihren Annahmen Recht gehabt?

19 Der Geburtstagskalender

Zu Beginn der Stunde verteilst du an jeden Mitschüler eine Karteikarte. Wer am 1. eines Monats geboren ist, muss den Inhalt der Stunde in einem einzigen Wort zusammenfassen. Wer am 2. Geburtstag hat, muss mit zwei Wörtern auskommen. Und so setzt sich das fort, bis zu denen, die am 31. eines Monats geboren sind und die den Stundenverlauf deshalb in 31 Wörtern nachvollziehen müssen.

20 Die Zettelwand

Du übergibst einem Mitschüler zu Beginn der Stunde einen Stapel farbiger DIN-A4-Blätter, einen dicken Filzschreiber und ein Klebeband. Dieser verfolgt den Unterrichtsverlauf, bis der erste wichtige Begriff fällt. Dieser wird aufgeschrieben und das Blatt an die Tafel geklebt. Dann wird der Papierstapel an den nächsten Mitschüler übergeben. Dieser wartet auf den zweiten Begriff und so weiter. So entsteht an der Tafel ein Protokoll der Stunde, zu dem viele Schüler wenigstens ein Stichwort beigetragen haben.

◈ Methoden-Führerschein

Nirgendwo ist die Nachfrage nach Innovationen so groß wie auf dem Gebiet der Unterrichtsmethodik. Hier hat sich eine große Koalition aus Bildungspolitikern, Erziehungswissenschaftlern und Verbandsfunktionären zusammengetan, um die Vorherrschaft des Frontalunterrichts zu brechen und das Prinzip des eigenverantwortlichen Lernens fest in den Klassenzimmern zu verankern. Dabei geht es den meisten Verfechtern eines methodischen Paradigmenwechsels weniger um einen demokratischen und kindgerechten Unterrichtsstil als lediglich um effektivere Ergebnisse. Mit dem Prinzip des Lehrervortrags sind solche Ergebnisse nicht zu erzielen. Deshalb wird allenthalben nach Schüler aktivierenden Lernformen gerufen – ohne dass damit schon konkrete Vorstellungen verbunden wären.

Lernen mit Erfolgsgarantie

Wer mit dem Prinzip des eigenverantwortlichen Lernens Ernst macht, wird bald entdecken, dass den Schülern dafür die notwendigen Voraussetzungen fehlen: Es scheint eine gute Idee zu sein, die Schüler einen Text auswerten und das Ergebnis ihrer Recherchen vor der Klasse vortragen zu lassen. Aber oft scheitert eine solche Methode an der mangelnden Erfahrung der Schüler mit der Textarbeit und an ihrer Rhetorik. Es klingt überzeugend, wenn die Schüler im Internet auf Entdeckungsreise gehen sollen. Aber dieser Ausflug kann ganz schnell zum Desaster werden, weil die Schüler den sachgerechten Umgang mit einer Suchmaschine nicht gewohnt sind und deshalb auf der weltweiten Informationsautobahn unter die Räder kommen. So kann jede noch so gut gemeinte Methode versagen, wenn die Schüler nicht gelernt haben, damit umzugehen. Denn hier werden ihnen Qualifikationen abverlangt, die ihnen niemand beigebracht hat. Methoden wollen eben nicht nur angewendet – sie wollen auch gelernt sein.

Deshalb tut eine Schule gut daran, parallel zu den Fachcurricula auch Bausteine des Methodenlernens zu entwickeln. In den einzelnen Klassen-

Neue Lern- und Arbeitsformen

stufen können diese Bausteine dann in den Unterricht einzelner Fächer integriert werden. So können die Schüler im Fach Informatik lernen, wie die Materialakquisition im Internet funktioniert. Und in Deutsch wird man ihnen zeigen, wie sich ihre Arbeitsergebnisse optimal präsentieren lassen. Damit ein solcher Lehrplan des Methodenlernens nicht im Unverbindlichen versandet, sollte er eine tragfähige Form bekommen. Mit dem Methoden-Führerschein steht eine solcher verbindlicher Rahmen zur Verfügung: Die Schüler der 5., 7. und 9. Klasse eignen sich bestimmte Methoden an und lassen sich diese zertifizieren. Anschließend bekommen die Schüler in einer kleinen Zeremonie den Methoden-Führerschein überreicht. Damit signalisiert die Schule nach innen und nach außen, dass sie ihnen eine weitere Etappe des eigenverantwortlichen Lernens zutraut und sie dafür mit den notwendigen Qualifikationen versorgt hat.

Lehrer verändern Schule ⇨ *Jetzt*

⏵ Methoden-Führerschein 5. Klasse

Kopiervorlage

Du hast dir einen Methoden-Führerschein verdient, wenn du

☐ deinen Arbeitsplatz so organisieren kannst, dass du bei den täglichen Hausaufgaben nicht abgelenkt wirst.

☐ deine Hausaufgaben in der richtigen Reihenfolge bearbeiten kannst und damit deine Lernzeit möglichst sinnvoll nutzt.

☐ du mit einer Lernkartei umgehen kannst und sie bei deinen täglichen Hausaufgaben verwendest.

☐ du einen ganzseitigen Text lesen und den Inhalt anschließend mit deinen eigenen Worten zusammenfassen kannst.

☐ die zentralen Begriffe eines solchen Textes erkennen und farbig markieren kannst.

☐ deine Hefteinträge übersichtlich, anschaulich und eigenständig gestalten kannst.

☐ einen Sachverhalt in Form einer Grafik (Tafelbild, Lernplakat) darstellen kannst.

☐ einen Text mit Hilfe des Computers schreiben und fachgerecht abspeichern kannst.

☐ mit einem Lexikon oder mit dem DUDEN umgehen kannst.

☐ dein Heft so übersichtlich führen kannst, dass auch ein Außenstehender damit etwas anfangen könnte.

Neue Lern- und Arbeitsformen

▶ Methoden-Führerschein   7. Klasse

Kopiervorlage

Du hast Anspruch auf einen Methoden-Führerschein, wenn du

☐ dir zum Vortrag eines Lehrers Notizen machen kannst, die auch von einem Außenstehenden nachvollzogen werden könnten.

☐ die Ergebnisse einer Diskussion in Form eines Protokolls festhalten kannst.

☐ einen Text in Abschnitte gliedern und dafür jeweils passende Überschriften finden kannst.

☐ einen längeren Text in Form einer schriftlichen Zusammenfassung wiedergeben kannst.

☐ den Lernstoff für eine Klassenarbeit auf einem Spickzettel zusammenfassen kannst (auch wenn der Spickzettel dann zu Hause bleibt!).

☐ anhand einer Klassenarbeit deine Stärken und Schwächen analysieren kannst.

☐ einen Zeitplan für die Vorbereitung auf eine Klassenarbeit entwerfen kannst und dich auch daran hältst.

☐ Literatur zu einem bestimmten Thema finden und mit dem Katalog einer Bibliothek richtig umgehen kannst.

☐ ein Referat vor der ganzen Klassen halten kannst und dich dabei lediglich an einigen schriftlich fixierten Stichwörtern orientierst.

☐ du deinen Vortrag vor der Klasse durch den Einsatz von Medien anschaulicher gestalten kannst.

▶ Methoden-Führerschein 9. Klasse

Kopiervorlage

Du erfüllst die für den Erwerb eines Methoden-Führerscheins notwendigen Bedingungen, wenn du

- [ ] die Technik des kursorischen Lesens beherrscht und dir so einen Überblick über den Inhalt eines Textes oder eines ganzen Buches verschaffen kannst.

- [ ] den Aufbau eines längeren Textes erkennen und mit deinen eigenen Worten darstellen kannst.

- [ ] den Inhalt einer Tabelle oder eines Diagramms mit deinen eigenen Worten wiedergeben kannst.

- [ ] einen komplexen Sachverhalt in Form einer Mindmap darstellen kannst.

- [ ] im Internet recherchieren und mit den einschlägigen Suchmaschinen fachgerecht umgehen kannst.

- [ ] deine Recherchen oder Arbeitsergebnisse mit Hilfe von PowerPoint vorstellen kannst.

- [ ] du im Rahmen einer Präsentation auch Schüler aktivierende Methoden anwenden kannst.

- [ ] in der Auseinandersetzung mit anderen deine Argumente überzeugend vortragen und schlüssig begründen kannst.

- [ ] eine Diskussion moderieren kannst und dich dabei an den einschlägigen Gesprächsregeln orientierst.

Ansprache des Schulleiters zur Überreichung der Methoden-Führerscheine

> Beispiel

Liebe Schülerinnen, liebe Schüler,

in wenigen Jahren werden wir wieder in dieser Aula zusammenkommen und auch dann wird es etwas zu feiern geben. Dann werden hier auch eure Eltern sitzen, dann werdet ihr festlich gekleidet sein und dann werdet ihr eure Abschlusszeugnisse in Empfang nehmen, die euch den Weg in eine hoffentlich gute Zukunft weisen. In den letzten Wochen seid ihr einen wichtigen Teil dieses Weges gegangen. Denn an unserer Schule ist es zwischen den Oster- und den Pfingstferien üblich, dass die Schülerinnen und Schüler der 7. Klassen das Lernen neu lernen und sich mit den wichtigsten Lern- und Arbeitsmethoden vertraut machen. Diese neuen Erfahrungen und diese neuen Fertigkeiten schlagen sich in den Methoden-Führerscheinen nieder, die ich euch anschließend überreichen darf.

Nicht alle von euch waren ursprünglich von der Notwendigkeit eines solchen Vorhabens überzeugt. Denn ihr konntet euch zunächst nicht so recht vorstellen, was es bringen soll, wenn man für einen Text eine Zusammenfassung erstellt, eine Klassenarbeit auf die eigenen Stärken und Schwächen hin analysiert oder sich im elektronischen Katalog der Stadtbücherei zu orientieren lernt. Und diese anfängliche Skepsis war ja auch berechtigt. Denn solche Übungen dürfen kein Selbstzweck sein. Und schon gar nicht darf aus ihnen eine Beschäftigungstherapie werden, um ein paar langweilige Schulwochen irgendwie über die Runden zu bringen. Wer sich aber auf die einzelnen Methoden wirklich eingelassen und sie im Rahmen des Unterrichts auch angewendet hat, der wird mir zustimmen: Mit den Methoden, die ihr in den letzten Wochen kennen gelernt habt, lernt es sich leichter – und das Lernen macht plötzlich auch mehr Spaß. Manche haben mir erzählt, dass sie inzwischen nicht mehr so lange über ihren Hausaufgaben sitzen und dass auch die Vorbereitung auf die nächste Klassenarbeit in kürzerer Zeit zu bewerkstelligen ist. Und andere haben beobachtet, dass durch die neuen Methoden erheblich mehr hängen bleibt, sich das schulische Arbeiten also endlich auszahlt.

Unser Anliegen ist es aber nicht nur, euch das Lernen zu erleichtern. Noch wichtiger ist uns, dass mit den neuen Methoden auch ein Stück Eigenverantwortung auf euch zukommt: Wer in der Lage ist, einen Text zu erfassen, frei vor der Klasse zu sprechen oder den gesamten Prüfungsstoff auf einer Karteikarte zusammenzufassen – der ist nicht länger auf die Allgegenwart seiner Lehrer angewiesen und kann sein Lernen größtenteils selber organisieren.
In diesem Sinne dokumentiert dieser Methoden-Führerschein auch ein größeres Maß an Selbstständigkeit. Und ich bin mir ganz sicher, dass ihr damit verantwortungsvoll umzugehen wisst.

Und jetzt könnt ihr eure Methoden-Führerscheine entgegennehmen.

▸ Gruppentest

Die Gruppenarbeit gilt heute als Idealfall schulischen Lernens: Sie soll monadisierende Einzelkämpfer zu mannschaftsdienlichen Teamworkern formen. Sie soll gewährleisten, dass effektiver, nachhaltiger und lustvoller gelernt wird. Und sie soll auf das Überleben in einer Gesellschaft vorbereiten, die arbeitsteilig organisiert und schon deshalb auf Kooperation angewiesen ist. Lehrer und Eltern, Politiker und Wissenschaftler werden deshalb nicht müde, die Vorzüge der Gruppenarbeit zu feiern. Leider können die meisten Schüler diese euphorische Einschätzung nicht teilen – vor allem dann, wenn sie mit dieser hoch gelobten Unterrichtsmethode bereits Bekanntschaft machen durften. Viele Schüler sehen in der Gruppenarbeit eher eine kollektive Beschäftigungstherapie, weil hier die Ergebnisse der einzelnen Gruppen nicht wirklich ernst genommen werden. Andere halten es für eine schizophrene Situation, dass inzwischen ganze Unterrichtseinheiten in Gruppen erarbeitet, die anschließenden Prüfungen und Tests aber als individuelle Leistungen eingefordert werden. Fazit: Wenn man ihnen schon zutraut, sich neue Lerninhalte im Team anzueignen, dann sollte man ihnen erst recht zutrauen, sich abschließend im Team darüber prüfen zu lassen. Gruppenarbeit ohne Gruppentest – das macht für Schüler keinen rechten Sinn.

Eine Klassenarbeit ohne Einzelkämpfer

Erste Erfahrungen zeigen, dass solche kollektiven Prüfungen durchaus möglich sind. So lassen sich Tests in Gruppen organisieren, die die Schüler wirklich fordern und die auch die individuelle Leistung des einzelnen Schülers angemessen würdigen: Einmal erarbeiten die Schüler in Gruppen bestimmte Lerninhalte, um sich dann einzeln darüber prüfen zu lassen. Einmal können sie sich gegenseitig austauschen und beraten, sind aber jeweils für ihren eigenen Beitrag verantwortlich.

Im ersten Fall muss die Gruppe Texte, Karten oder Statistiken durcharbeiten und sich dazu Notizen machen. Anschließend werden die bearbeiteten Materialien eingesammelt und jeder Schüler muss dazu eine Reihe von Fragen beantworten. Er darf sich dabei seiner Notizen bedienen, darf aber keine weitere Hilfe in Anspruch nehmen. Auch ein Austausch in der Gruppe ist dann nicht mehr möglich.

Im zweiten Fall liegen den Schülern Fragen aus ganz unterschiedlichen Aufgabenkategorien vor. So kann es im Geschichtsunterricht einmal um wichtige Jahreszahlen, einmal um bedeutende Persönlichkeiten und einmal um strittige Bewertungen gehen. Die Gruppe klärt intern, wer welche Frage innerhalb einer bestimmten Aufgabenkategorie zu beantworten hat. So kommt es, dass sich jedes Mitglied der Gruppe mit anderen Fragen auseinandersetzen muss. Die Mitglieder einer Gruppe helfen sich gegenseitig bei der Beantwortung der Fragen – und in der Regel funktioniert das auch. Derartige Tests sind auch in solchen Bundesländern möglich, in denen das Schulrecht jeweils die Abgabe individuell erstellter Klassenarbeiten vorschreibt.

Durch die engagierte Arbeit der Schüler ist die Legende von den Trittbrettfahrern, die den Einsatz der Leistungsstarken schamlos ausnutzen, bald widerlegt.

Und auch viele andere Vorurteile, die gegen solche Prüfungen im Team immer wieder vorgebracht werden, halten den praktischen Erfahrungen mit dem Gruppentest nicht stand. Auch hier gilt deshalb, was für alle innovativen Lern- und Arbeitsformen gelten sollte: Probieren geht über Diskreditieren.

Beispiel

Ihr hattet 20 Minuten Zeit, um euch auf Seite 154 im Atlas über die Staaten Südamerikas zu informieren. Ihr habt dabei in Gruppen gearbeitet, und jeder von euch hat sich die wichtigsten Informationen notiert. Jetzt habt ihr euren Atlas zugeklappt – und sollt anhand eurer Notizen die folgenden Fragen beantworten:

1. Wie heißt der größte Staat Südamerikas?
2. Die wichtigsten Staaten Südamerikas werden auch A-B-C-Länder genannt. Um welche Staaten könnte es sich dabei handeln?
3. An welche Staaten grenzt Ecuador?
4. Welche beiden südamerikanischen Staaten haben keinen Zugang zum Meer?
5. Welcher mittelamerikanische Staat grenzt an Südamerika?
6. Wie heißen die Hauptstädte von Argentinien, Kolumbien und Venezuela?
7. Welches Land wird von Montevideo aus regiert?
8. Zu welchem Land gehören die Falkland-Inseln?
9. Zwischen welchen großen Meeren liegt Südamerika?
10. Durch welche Staaten Südamerikas verläuft der Äquator?

Klasse 10 s
1. Stegreifaufgabe in Geschichte
Arbeitszeit: 35 Minuten

Sie haben die folgenden Aufgaben in Gruppen zu drei oder vier Teilnehmern zu beantworten. Die Aufgaben sind jeweils unterschiedlichen Aufgabenkategorien zugeordnet. Und diese Aufgabenkategorien sind jeweils mit einer einstelligen Zahl gekennzeichnet. Innerhalb einer Gruppe müssen Sie sich dann entscheiden, wer sich die einzelnen Aufgaben vornehmen soll. Diese Einzelaufgaben sind jeweils durch eine zweistellige Zahl hervorgehoben. Wenn es zum Beispiel um die Aufgabenkategorie „1. Begriffe" geht, muss einer von Ihnen die Aufgabe 1.1. beantworten, einer die 1.2., einer die 1.3. und einer die 1.4. Bei der Beantwortung der Aufgaben können und sollten Sie sich innerhalb Ihrer Gruppe helfen. Und trotzdem muss jeder von Ihnen am Schluss ein eigenes Aufgabenblatt abgeben. Bei Gruppen mit drei Teilnehmern wird jeweils die vierte Frage einer Aufgabenkategorie gestrichen. Denn auch bei diesem Gruppentest soll es ganz gerecht zugehen.
Und nun viel Erfolg bei der Arbeit – vielleicht sogar ein bisschen Spaß!

1. Begriffe:
1.1. Was ist eine Hamsterfahrt?
1.2. Wer waren die Trümmerfrauen?
1.3. Was ist ein Persilschein?
1.4. Was waren die Rosinenbomber?

2. Daten:
2.1. Wann wurde das Grundgesetz verkündet?
2.2. Wann fand die Währungsreform statt?
2.3. Wann trat der Parlamentarische Rat zusammen?
2.4. Wann wurde Adenauer zum Bundeskanzler gewählt?

3. Persönlichkeiten:
3.1. Was verbinden Sie mit dem Namen Erhard?
3.2. Was verbinden Sie mit dem Namen Schumacher?
3.3. Was verbinden Sie mit dem Namen Adenauer?
3.4. Was verbinden Sie mit dem Namen Ulbricht?

2.

> Beispiel

5. Beispiele:

5.1. Nennen Sie Beispiele für die Ersatzwährungen der Nachkriegszeit.

5.2. Nennen Sie Beispiele für Errungenschaften, die die Deutschen den Alliierten zu verdanken haben.

5.3. Nennen Sie Beispiele für kontroverse Beratungen im Parlamentarischen Rat.

5.4. Nennen Sie Beispiele für die zunehmende Entfremdung zwischen Ost- und Westdeutschland.

6. Skizzen:

6.1. Skizzieren Sie das Ahlener Programm der CDU.

6.2. Skizzieren Sie einzelne Maßnahmen der Entnazifizierung.

6.2. Skizzieren Sie die Politik der „Reeducation".

6.3. Skizzieren Sie das politische Selbstverständnis Kurt Schumachers.

7. Vergleiche:

7.1. Vergleichen Sie die Situation der Heimatvertriebenen in der Nachkriegszeit mit der der unter uns lebenden Migranten.

7.2. Vergleichen Sie die Probleme der Schule nach 1945 mit den Problemen, die unsere Schulen heute belasten.

7.3. Vergleichen Sie die Probleme der Familien im Nachkriegsdeutschland mit denen moderner Familien.

7.4. Vergleichen Sie die Probleme der Wirtschaft nach dem 2. Weltkrieg mit den aktuellen Problemen unserer Volkswirtschaft.

8. Entscheidungen:

8.1. Gelten die Prinzipien der Marktwirtschaft heute immer noch?

8.2. Lassen sich unsere Probleme mit der Integration nach dem Vorbild der Heimatvertriebenen lösen?

8.3. Hätte sich die Einrichtung von Spruchkammern auch nach dem Ende der DDR empfohlen?

8.4. Was lässt sich von der Politik der Alliierten nach 1945 für die endgültige Befriedung des Irak lernen?

Gruppentests ▶ Pro und Contra

Wie die Gegner von Gruppentests argumentieren:

1. Ein solcher Gruppen-Test ist schon aus schulrechtlichen Gründen unzulässig.

2. Es können nur solche Leistungen bewertet werden, die individuell erbracht worden sind.

3. Faule Schüler können sich bei den Leistungsstärkeren bedienen, ohne einen Finger krümmen zu müssen.

4. Hier wird nicht das Wissen der Schüler überprüft, sondern nur ihre Bereitschaft zur Teamarbeit.

5. Während der Arbeit in den einzelnen Gruppen ist es so laut, dass sich der einzelne Schüler nicht mehr konzentrieren kann.

6. Die Schüler sind es doch gar nicht gewöhnt, in der Gruppe zu arbeiten und mit anderen zu kooperieren.

Und was man ihnen entgegenhalten sollte:

1. Im Schulrecht werden derzeit immer neue Öffnungsklauseln eingeführt – nicht zuletzt, um die Teamarbeit zu stärken.

2. Genau das ist beim Gruppentest der Fall – auch wenn sich die Schüler beim Lösen der Aufgaben gegenseitig helfen.

3. Die Gruppe muss intern eine möglichst gerechte Verteilung der Belastungen regeln – und meistens funktioniert das auch.

4. Die Teamfähigkeit gilt heute als die vielleicht wichtigste Schlüsselqualifikation; hier kann sie trainiert werden.

5. Wie bei jeder Gruppenarbeit spielt sich auch hier ein konzentriertes Arbeitsklima von ganz alleine ein.

6. Der Gruppen-Test kann nur funktionieren, wenn die Schüler vorher schon Erfahrungen in der Gruppenarbeit gemacht haben.

7. Die Gruppen-Tests fallen voraussichtlich viel besser aus als jede individuell erstellte Klassenarbeit.

7. Das kommt ganz auf das Anspruchsniveau der gestellten Aufgaben an. Mit bloßen Reproduktionsaufgaben ist es hier nicht getan.

8. Die Arbeit im Team ist eine denkbar schlechte Vorbereitung auf das Überleben in einer Ellenbogengesellschaft.

8. Auch die Nobelpreise werden heute in der Regel an Forscher-Teams vergeben. Die Arbeit im Team hat also Zukunft!

Sommerschule

Schüler brauchen Vorbilder. Und solche Vorbilder sollten immer auch aus den eigenen Reihen kommen. An vielen Schulen hat es sich deshalb eingebürgert, Schüler, die durch hervorragende Leistungen aufgefallen sind, am Schluss des Schuljahres mit einer besonderen Auszeichnung zu würdigen. Auf eine solche Auszeichnung hat Anspruch, wer mit einem besonders guten Notendurchschnitt aufwarten kann oder wer sich außerhalb des Unterrichts besonders engagiert hat. Dazu kann der Einsatz als Schulsanitäter ebenso zählen wie die Mitarbeit an einer Benefiz-Aktion oder die erfolgreiche Teilnahme an einem Wettbewerb. Damit dokumentiert die Schule, dass ihr jede Form von Leistung wichtig ist und dass sie sich dabei nicht ausschließlich am Notenbild orientiert.

So ernsthaft und sensibel an vielen Schulen auch über die Auswahl geeigneter Schüler nachgedacht wird – so einfallslos gerät dann oft die Suche nach einer angemessenen Auszeichnung. In der Regel entscheidet man sich für ein Buchgeschenk, weil Lesen ja bekanntlich bildet und weil man damit der Einzelpersönlichkeit der Schüler besser Rechnung tragen kann. Manchmal findet sich aber auch ein Sponsor, der für entsprechende Geldgeschenke aufkommt und der bei der Jahresschlussfeier dann seinen großen Auftritt hat.

Wenn Bildung zur Belohnung wird

Eine wesentlich sinnvollere Form der Auszeichnung wäre die Einladung zu einer Sommerschule, die für Schüler mit herausragenden Leistungen organisiert wird. Die Sommerschule findet in der ersten Woche der großen Ferien statt und **bietet den Schülern eine ebenso attraktive wie innovative Form des Lernens an.** Das Projekt kann am Schulstandort oder auch in einem Jugendhaus stattfinden, ist für die Teilnehmer aber in jedem Fall kostenlos. Hier wird sich in der Regel der Förderverein der Schule engagieren, aber auch an die Einbeziehung eines Sponsors – wie etwa der örtlichen Sparkasse – ist hier zu denken. Die Teilnahme an der Sommerschule ist für die Schüler so attraktiv, weil sie hier von Experten lernen, die ihnen im Rahmen des Schulalltags gewöhnlich nicht begegnen. Insofern erinnert die Sommerschule durchaus an das Modell der „Kinder-Uni". Darüber hinaus gehört zum Programm der Sommerschule immer auch der Besuch interessanter Lernorte. Dazu sollten auch solche Orte gehören, zu denen Schülern der Zutritt normalerweise verwehrt ist. Schließlich sollten auch abendliche Veranstaltungen in das Angebot der Sommerschule integriert sein – von einem Besuch der Sternwarte bis zu einer gemeinsamen Übernachtung im Bunker.

Mit dem Angebot einer solchen Sommerschule setzt die Schule ein Zeichen: **Von den Schülern oft als Qual erlebt, wird Lernen hier zur Belohnung.** Und diese Botschaft erreicht auch diejenigen, die sich durch keine besonderen Leistungen hervorgetan haben.

2.

> **Beispiel**
>
> Lieber Mikhail,
>
> das Jahreszeugnis ist ein wichtiges Dokument, weil es dir hilft, deine eigenen Leistungen richtig einzuschätzen, und weil es dir den Aufstieg in die nächste Klassenstufe eröffnet.
>
> Leistungen, die über das Maß des Normalen und Alltäglichen hinausgehen, werden im Jahrgangszeugnis allerdings kaum gewürdigt. Deine Schule ist aber auf solche herausragenden Leistungen angewiesen, wenn sie sich weiterentwickeln und deinen Mitschülern nachahmenswerte Vorbilder anbieten will.
>
> Für das Lehrerkollegium und die Schulleitung hast du im abgelaufenen Schuljahr durch solche herausragenden Leistungen auf dich aufmerksam gemacht. In deinem Fall gilt das für den Einsatz, mit dem du den Übergang von der Hauptschule auf die Realschule gemeistert hast. Weil dieser Wechsel erst nach der 6. Klasse stattgefunden hat, zählst du zu den so genannten „Seiteneinsteigern". Du musstest also aus eigener Kraft vieles nachholen, was du in der Hauptschule nicht gelernt hast, und dich gleichzeitig an den besonderen pädagogischen Stil einer Realschule gewöhnen. Das Jahreszeugnis belegt, dass dir dies in hervorragendem Maße gelungen ist. Und das ist fast ausschließlich deine Leistung.
>
> Wir sind der Meinung, dass dieses vorbildliche Engagement eine Anerkennung verdient hat. Du gehörst deshalb zu den Schülern, die wir zur traditionellen
>
> ### *Sommerschule*

> Neue Lern- und Arbeitsformen

Beispiel

einladen möchten, und wir würden uns freuen, wenn du diese Einladung annehmen würdest.

Im Rahmen der Sommerschule kannst du dich mit Themen auseinandersetzen, für die im Regelunterricht oft kein Platz ist. Innerhalb einer Woche hast du Gelegenheit, mit interessanten Menschen zusammenzukommen, dich an spannenden Orten umzuschauen und ganz neue Seiten an dir zu entdecken.

Die diesjährige Sommerschule findet in der ersten Woche der großen Ferien statt. Unter dem Thema „Ägypten" wirst du zusammen mit anderen Schülern Gelegenheit haben, dich mit der Geschichte und der Kultur eines faszinierenden Volkes auseinanderzusetzen. In diesem Zusammenhang sind alle Kurse, Fahrten und Eintritte frei. Damit will der Förderverein unserer Schule unterstreichen, wie viel ihm dein Engagement im abgelaufenen Schuljahr wert ist.

Ich würde mich freuen, wenn du dieses Angebot annehmen und dich zur Sommerschule anmelden würdest.

Mit allen guten Wünschen für dich und deinen weiteren Weg an unserer Schule

Dr. Annalena Kaufmann
Schulleiterin

2.

> Beispiel

▶ Ägypten

Sommerschule der Heinrich-Zille-Realschule

Programm

Montag, 3. August:

10.00 Uhr	Besuch des Ägyptischen Kabinetts der Antikensammlung: „Eine Kultur wird besichtigt."
15.00 Uhr	Workshop im Kreativ-Forum des Kindermuseums: „Papierschöpfen wie im alten Ägypten"

Dienstag, 4. August:

10.00 Uhr	Internetbrücke zur deutschen Schule in Kairo: „Wie es sich in Ägypten heute lebt."
14.00 Uhr	Schüleruniversität mit Prof. Dr. Werkmeister vom Ägyptologischen Institut: „Die 100 populärsten Irrtümer über die alten Ägypter"

Mittwoch, 5. August:

11.00 Uhr	Kompaktkurs in der städtischen Volkshochschule: „Hieroglyphen – das etwas andere Alphabet"
20.00 Uhr	Besuch der Oper „Aida" von Guiseppe Verdi auf der Freilichtbühne des städtischen Opernhauses

Donnerstag, 6. August:

10.00 Uhr	Schüleruniversität mit Prof. Dr. Schadowski vom Mathematischen Institut: „Die Geburt des geometrischen Denkens"
16.00 Uhr	Besuch des Ägyptischen Konsulats mit einem Empfang durch den Konsul

Freitag, 7. August:

11.00 Uhr	Zu Gast in der Lehrküche des städtischen Energieunternehmens: „Kochen und Backen nach ägyptischen Originalrezepten"
21.00 Uhr	Lange Filmnacht im Schülercafé mit Filmen wie „Cleopatra", „Rose of Cairo" oder „Asterix und Cleopatra"

Lehrer verändern Schule ⇨ Jetzt

3. Unterrichtsorganisation

Wer die Schule verändern möchte, denkt zunächst an eine andere Lernkultur, an neue Inhalte und alternative Methoden. Fragen der Organisation dürften in diesem Zusammenhang eine eher untergeordnete Rolle spielen. Je mehr sich eine pädagogische Utopie aber konkretisiert, umso mehr müssen sich die Initiatoren mit Fragen der Unterrichtsorganisation herumschlagen. Denn oft sind es organisatorische Sachzwänge, die den hehren Ambitionen im Wege stehen und damit so manches innovative Projekt scheitern lassen. Die Veränderung von Schule muss deshalb von Anfang an auch auf eine andere Unterrichtsorganisation abzielen.

Basis für eine neue Lernkultur

Oft scheitern innovative Projekte bereits an den räumlichen Vorgaben: Da soll in Kleingruppen gearbeitet werden – aber die einzelnen Gruppen gehen sich gegenseitig auf die Nerven, weil sie über keinerlei Rückzugsmöglichkeiten verfügen. Da soll der Frontalunterricht aufgebrochen und durch schülerzentrierte Arbeitsformen ersetzt werden – aber das Klassenzimmer ist auf die zentrale Rolle des Lehrers zugeschnitten. Wahrscheinlich würden deshalb Schulbauten im 21. Jahrhundert ganz anders konzipiert werden als noch vor wenigen Jahrzehnten. Und dazu existieren bereits überlegenswerte Vorschläge – wie das von Buddensiek propagierte hexagonale Schulhaus *(Wilfried Buddensiek: Zukunftsfähiges Leben in Häusern des Lernens, Göttingen 2001)*. Das Problem ist nur, dass heute kaum noch neue Schulhäuser errichtet werden, sich Lehrer und Schüler also mit der vorhandenen Bausubstanz abfinden müssen. Nur herausragende Reformprojekte, wie die Laborschule in Bielefeld, können mit einer offenen und flexiblen Architektur aufwarten. In der deutschen Durchschnittsschule dagegen sind die Klassenzimmer wie Schuhschachteln übereinander gestapelt. Aber auch innerhalb solcher statischer Grundrisse ist innovatives Lernen möglich. Das lässt sich am Beispiel vieler Grundschulen studieren, wo der einfallslosen Architektur mit einer umso kreativeren Ausstattung getrotzt wird:

◐ Einrichtungstipps für das bewegliche Klassenzimmer:

 Unter der Decke des Klassenzimmers können Sie eine **Akustikdecke** aus komprimierter Glaswolle anbringen – wie einen Baldachin. Dadurch macht das Umstellen der Tische und Stühle weniger Lärm.

 Flipcharts gehören zur Grundausstattung eines beweglichen Klassenzimmers. Hier halten die Schüler ihre Arbeitsergebnisse fest, um sie ihren Mitschülern präsentieren zu können.

 Den **Fußboden** sollten Sie mit Korkfliesen bekleben oder mit einem schallschluckenden Teppichboden auslegen. Hier lassen sich Tische und Stühle zu immer neuen Konstellationen verschieben – und das ohne große Kraftanstrengung oder akustischen Stress.

 Bringen Sie an drei Wänden des Klassenzimmers umlaufende **Klemmschienen** an. An ihnen lassen sich Kreidetafeln und Whiteboards nach Belieben hin- und herschieben. Die Wandtafel bildet damit nicht mehr das alleinige Zentrum des Unterrichtsgeschehens.

 Zur Ausstattung des Klassenzimmers sollte auch ein **Medienwagen** gehören, in dem ein Tageslichtprojektor, ein DVD-Player, ein Laptop und ein Beamer untergebracht werden können. Der Medienwagen wird für den jeweiligen Einsatz an die richtige Stelle gerollt.

 Das bewegliche Klassenzimmer sollte über so viele **Moderationskoffer** verfügen, dass jede Gruppe auf eine solche Präsentationshilfe zurückgreifen kann.

❯ Das bewegliche Klassenzimmer

Einzelne Schulen haben sich für eine Umrüstung ihrer Klassenzimmer entschieden. Ihr Vorbild sind dabei die „beweglichen Klassenzimmer", wie sie zuerst in Dänemark konzipiert wurden. Im beweglichen Klassenzimmer ist die starre Anordnung des Mobiliars aufgehoben. Alles ist darauf ausgerichtet, Tische und Stühle jeweils neu zu justieren und damit die Arbeit in Gruppen oder das Stationenlernen zu erleichtern. Ein Umbau des Raums ist hier ohne jede Kraftanstrengung möglich. Außerdem ist im beweglichen Klassenzimmer nicht alles auf die Frontseite des Raums ausgerichtet, wie das in herkömmlichen Klassenräumen immer noch der Fall ist. Im beweglichen Klassenzimmer gibt es kein „vorne" und kein „hinten" – hier sind alle Seiten eines Raums gleichberechtigt. Damit fordert diese Gestaltung des Klassenraums andere Arbeits- und Lernformen geradezu heraus.

Lernen im richtigen Ambiente

Viele Schulen haben mit großen Finanzierungsproblemen zu kämpfen und müssen es sich deshalb gut überlegen, ob sie einzelne Räume für mehrere tausend Euro zu beweglichen Klassenzimmern umrüsten können. Hier kann ein Sponsor einspringen, der die Investitionskosten übernimmt und sich dafür mit seinem Logo im Klassenraum verewigen darf. Zu einer sinnvollen Tradition könnte es auch werden, wenn jeder abgehende Jahrgang einen Raum im Schulhaus zu einem beweglichen Klassenzimmer umgestaltet und sich damit selbst ein Denkmal setzt. Das gilt auch für die Eltern der Schüler, die sich ein solches Projekt vornehmen könnten, wenn die Schule wieder einmal einen Werktag organisiert und auch sie ihren Beitrag zu einer kindgerechten Umrüstung des Schulhauses leisten wollen. Die Schüler werden es ihnen mit einer größeren Motivation und einem gestiegenen Engagement danken.

organisatorische Freiheiten als um eine geschickt verbrämte Sparmaßnahme. Andernorts ist man wenigstens dazu übergegangen, den Schulgong abzuschalten und damit die Unbeweglichkeit des Stundenplans etwas erträglicher zu gestalten. Gute Erfahrungen haben auch solche Schulen gemacht, die nach dem Team-Kleingruppen-Modell arbeiten und damit jede Jahrgangsstufe von einem kleinen Kreis von Lehrkräften unterrichten lassen. Hier ist ein Stundentausch leichter zu organisieren, lässt sich die gesamte Zeitorganisation flexibler handhaben. Schließlich bietet sich auch die Ganztagsschule in ihrer gebundenen und in ihrer offenen Form für eine Abkehr vom Wochenstundenplan an. Gerade am Nachmittag besteht hier die Möglichkeit zum Stundentausch – und über einen solchen Stundentausch lässt sich ein Lernen in größeren Einheiten organisieren. Solche Beispiele dürfen freilich nicht darüber hinwegtäuschen, dass eine neue Organisation der Unterrichtszeit mit großen Hürden belastet ist. Wenn hier den Schulen erst einmal die Möglichkeit eröffnet wird, solche neuen Zeitmodelle zu erproben, sind sie Experimenten durchaus aufgeschlossen – wie die Erfahrungen der Modus-21-Schulen in Bayern beweisen.

Neue organisatorische Strukturen lassen sich schrittweise umsetzen. So können **bewegliche Klassenzimmer** an allen Schulen eingerichtet werden, so lässt sich das **Fachraumprinzip** an allen Schulen der Sekundarstufe I einführen. In einzelnen Fächern kann jetzt schon mit einem **Zeitkonto** gearbeitet werden und auch die Einführung von **Scholarenzeiten** muss keine pädagogische Utopie bleiben.

Da ist der Boden mit Teppichen ausgelegt, da dienen Regale als Raumteiler, da sind die Wände ringsum mit Korkplatten beklebt. Und häufig sind hier die eher unbequemen Stühle durch große Sitzbälle ersetzt, bei denen jedes Kippeln und Schaukeln ausgeschlossen ist. An der Helene-Lange-Schule in Wiesbaden geht man noch einen Schritt weiter: Hier kann jede Klasse einen Raum anmieten und diesen nach Herzenslust umgestalten. Wie bei jedem anderen Mietverhältnis auch, muss dieser Raum dann aber im selben Zustand übergeben werden, in dem ihn die Klasse ursprünglich übernommen hat. An anderen Schulen hat man wenigstens einzelne Räume den Bedingungen des neuen Lernens angepasst. Klassen, die einen Lernzirkel planen oder ein Thema in Gruppen erarbeiten wollen, können einen solchen Raum buchen und seine besondere Ausstattung nutzen. Wieder andere haben dem Schulhaus ein „Grünes Klassenzimmer" angegliedert, in dem die Schüler unmittelbare Naturerfahrungen sammeln können. Schließlich kommt manchen Schulen auch ein glücklicher Zufall entgegen. So bekam die Berliner Hannah-Höch-Schule das Angebot, vier Klassenzimmer von angehenden Architekten der Technischen Universität zu einer 400 Quadratmeter großen Lernlandschaft umgestalten zu lassen. Finanziert durch Mittel des Investitionsprogramms „Zukunft, Bildung und Betreuung", steht den Grundschülern hier ein Raum ohne Zwischenwände und Flure zur Verfügung, in dem sie sich in Gruppen treffen, in den sich ein Kind aber auch einmal zurückziehen kann. So ist hier eine pädagogische Utopie realisiert worden, ohne dass es eines neuen Schulhauses bedurft hätte.

Wesentlich schwieriger gestaltet sich da schon der Versuch, die Unterrichtszeit neu zu organisieren. Denn diese folgt an allen Schulen dem Prinzip des Wochenstundenplans – und der lässt eine variable Zeitgestaltung kaum zu. Damit wird es schwierig, Projekte zu organisieren oder einzelne Stunden zu größeren Epochen zusammenzufassen. Immerhin hat der Hamburger Senat damit begonnen, das Diktat des Wochenstundenplans aufzuweichen. Hier wird die Lehrerarbeitszeit nicht länger nach den Vorgaben des Stundenplans, sondern nach den tatsächlich geleisteten Arbeitsstunden berechnet. Eine an sich gute Idee – die freilich dadurch diskreditiert wurde, dass mit dem neuen Arbeitszeitmodell auch eine Einsparung von 1 000 Lehrerstellen verbunden war. Dem Senat ging es also weniger um

Unterrichtsorganisation

 Im gesamten Klassenzimmer können Sie **Pinnwände** aufstellen. Diese lassen sich sowohl als Raumteiler wie auch für Arbeiten nach der Metaplantechnik nutzen.

 Achten Sie darauf, dass das Klassenzimmer über mehrere **Projektionsflächen** verfügt – so dass die einzelnen Gruppen ihre Arbeitsergebnisse von allen Ecken aus präsentieren können.

 Auch ein bewegliches **Rednerpult** ist sehr nützlich: Es verhilft den Schülern bei der Darstellung ihrer Standpunkte oder einer Präsentation der Gruppenergebnisse zu mehr Sicherheit.

 Regale sind nicht nur dazu da, um Materialien für die Freiarbeit zu verstauen. Sie können auch als Raumteiler dienen und so verhindern, dass sich die einzelnen Gruppen gegenseitig von der Arbeit ablenken.

 Die Stühle können Sie durch **Sitzbälle** ersetzen – und die können ohne großen Kraftaufwand in alle Ecken des Zimmers gerollt werden.

 Einen Klassensatz **Sitzkissen** können Sie in einer großen Kiste aufbewahren. Innerhalb kurzer Zeit können die Schüler so einen Sitzkreis bauen oder sich nach dem Modell eines Amphitheaters um eine imaginäre Bühne gruppieren.

 Bekleben Sie die **Tische** der Schüler mit Filzgleitern oder mit einer Plastikauflage. So macht es keine Mühe mehr, sie zu Tischgruppen zusammenzustellen oder an die Wand des Klassenzimmers zu schieben.

 Bekleben Sie die **Wände** mit Korkplatten. Das trägt nicht nur dazu bei, den Nachhall im Klassenzimmer zu mindern, sondern bietet einzelnen Schülern oder ganzen Gruppen die Möglichkeit, ihre Arbeitsergebnisse auszustellen.

> **Beispiel**

◉ Was ihr über diesen Raum wissen solltet:

 Raum XY ist als bewegliches Klassenzimmer ausgestattet. Er kann von allen Klassen und von einzelnen Arbeitsgruppen genutzt werden.

 Wer das bewegliche Klassenzimmer nutzen möchte, muss sich im Sekretariat der Schule vormerken lassen. Denn hier werden die Belegungszeiten koordiniert.

 Das bewegliche Klassenzimmer ist so ausgestattet, dass die Einrichtung ohne großen Aufwand umgestellt werden kann. Jede Klasse sollte den Raum aber so hinterlassen, wie sie ihn vorgefunden hat.

 Die ausgestellten Arbeitsergebnisse anderer Klassen und Kurse dürfen weder weggeräumt noch beschädigt werden. Es lohnt sich aber, sich mit den Arbeiten anderer auseinanderzusetzen.

Und nun viel Spaß und Erfolg im beweglichen Klassenzimmer!

▶ Der Fachraum

Die pädagogische Legendenbildung hat die Institution des Klassenzimmers mit einem Mythos umgeben, den Lehrer und Schüler heute nicht mehr nachvollziehen können. Schon der äußere Augenschein vieler Klassenzimmer beweist, dass dieser Mythos inzwischen längst entzaubert ist: Zwischen windschiefen Regalen, zugemüllten Heizkörpern und eingerissenen Postern kann sich kein Schüler wirklich zu Hause fühlen. Und jeder vollgekritzelte Tisch, jede heruntergerissene Gardine, jeder angesengte Papierkorb beweist doch nur, dass das Klassenzimmer längst zu einem unbehausten Ort geworden ist. Mag ein eigener Raum für jede Klasse an den Grundschulen noch seine Berechtigung haben – unter den Bedingungen des Fachlehrerprinzips ist ihm an den weiterführenden Schulen jeder tiefere Sinn abhandengekommen.

Weil das Klassenzimmer seine Gemeinschaft stiftende Funktion in vielen Fällen eingebüßt hat, wäre seine Abschaffung kein Verlust. Zu überlegen wäre deshalb, ob die bisherigen Klassenzimmer nicht besser in Fachräume umgewandelt werden sollten. Anders als im Klassenzimmer, sind Einrichtung und Ausstattung im Fachraum möglichst optimal auf das jeweilige Fach zugeschnitten. Vor allem innovative Lehrkräfte profitieren von den neuen Freiheiten eines Fachraums: Sie können die Tische und Stühle hier
so stellen, dass in Gruppen gearbeitet oder zwischen verschiedenen Sozialformen gewechselt werden kann. Sie können hier eine umfangreiche Sammlung von Lernmaterialien anlegen und damit die Voraussetzung für Wochenplan- und Freiarbeit schaffen.

Vorbei die Zeiten, in denen die Lehrer mit einer Wandkarte unterm Arm und einem DVD-Player in der Hand von Klassenzimmer zu Klassenzimmer hetzten. – In ihren eigenen vier Wänden ist alles vorhanden, was sie für einen abwechslungsreichen und schülerzentrierten Unterricht brauchen.

Mit der Ausweisung von Fachräumen bekennt sich eine Schule zum Prinzip der pädagogischen Pluralität: Weil jeder Lehrer anders ist, kann einem Kollegium die gesichtslose Tristesse vieler Klassenzimmer nicht länger zugemutet werden. Weil jeder Lehrer ein anderes pädagogisches Selbstverständnis vertritt, soll sich das auch in seinem Lernumfeld niederschlagen. Und die zunächst eher skeptischen Schüler werden bald erkannt haben, dass auch sie von dieser Pluralität der Räume und der Temperamente profitieren. Denn der Wechsel von einem Fachraum zum anderen kann dem Schulalltag viel von seiner Monotonie und Langeweile nehmen.

Unterrichtsorganisation

▸ Aufteilung der Fachräume | Beispiel

Raum	Verantwortliche Lehrkraft	Fachliche Anbindung	Ausstattung	Besonderheiten
1	Herr Riedhammer	Mathematik, Geografie	Laptop, Beamer, ein Klassensatz Kompasse	Regal mit Materialien zur Freiarbeit
2	Frau Stolze-Glöckel	Deutsch, Englisch	PC, CD-Player, Videoanlage	Leseecke mit Sofa und Klassenbücherei
3	Herr Beginner	Ev. Religion	Gitarre, CD-Player, Meditationskissen, ein Klassensatz Liederbücher	Großer runder Teppich
7	Frau Petrovic	Deutsch, Geschichte	DVD-Player, Videoanlage, Kartenständer mit Wandkarten, ein Klassensatz Geschichtsatlanten	
8	Frau Hell-Gondrom	Wirtschaftslehre	Laptop, PC, Beamer, Flipchart, Moderationskoffer	Station der Schülerfirma „Light & Lecker"
9	Herr Schmidbauer	Mathematik	PC, Klassensatz Taschenrechner, Korkwand	Ausstellung von historischen Rechenmaschinen

Lehrer verändern Schule ⇨ *Jetzt* **69**

3.

> **Beispiel**

11	Herr Emmerling	Englisch, Ethik	CD-Player, Kassettenrekorder, Sammlung von Lernsoftware, Pinnwände, Moderationskoffer	
12	Frau May	Deutsch, Sozialkunde	DVD-Anlage, Beamer, Wechselrahmen für Plakate, Tischkopierer	Schaukasten für die Präsentation von Projektarbeiten
13	Herr Dotzauer	Kath. Religion	Videoanlage, CD-Player, Diaprojektor, ein Klassensatz Schulbibeln, Diasammlung geistlicher Kunst	Meditationszelt zum Aufspannen
17	Frau Kümmerlinger	Geschichte, Geografie	PC, Beamer, Kartenständer mit Wandkarten, ein Klassensatz Atlanten, ein Klassensatz Geologie-Bestecke	Geologische Sammlung in Ausstellungsvitrinen
18	Frau Habel	Englisch, Geschichte	CD-Player, Kassettenrekorder, DVD-Player mit Beamer, Quellenarchiv zur Heimatgeschichte	Vier Internet-Arbeitsplätze für Schüler

Unterrichtsorganisation

> **Beispiel**

19	Herr Schnarrer	Mathematik, Ethik	Ein Klassensatz Laptops, Beamer, Korkwand, Moderationskoffer, Tischkopierer	Integrierte Teeküche für den Pausenbetrieb
21	Herr Heurich-Groh	Wirtschaftslehre, Geschichte	PC, Laptop, CD-Player, Kassettenrekorder, Plattenspieler, Sammlung von ökonomischen Zeitschriften, historisches Tonarchiv	
22	Frau von Bellingen	Deutsch, Ev. Religion	Ein Klassensatz Liederbücher, Sammlung von Hörbüchern, Lesepulte	Klassendruckerei mit sechs Setzkästen und einer Druckpresse
23	Herr Deutz	Mathematik	Laptop, Beamer, mehrere Klassensätze von Unterrichtsprogrammen, Materialien zum Stationenlernen	Whiteboards statt Wandtafeln
24	Frau Karpinski	Englisch, Sozialkunde	CD-Player, Kassettenrekorder, zwei Pinnwände, Moderationskoffer, Tischkopierer	Mikrofonanlage für rhetorische Übungen

Lehrer verändern Schule ⇨ *Jetzt*

3.

Aus dem „RINGELPIETZ" – der Schülerzeitung der Joachim-Ringelnatz-Realschule:

„YOU ARE WELCOME!"

Beispiel

Lange Zeit waren die Menschen dazu verdammt, ihr mühseliges Dasein als Nomaden zu fristen. Ihnen blieb zunächst gar nichts anderes übrig, als von Weideplatz zu Weideplatz zu ziehen und in windigen Zelten zu hausen. Erst als sie schließlich sesshaft wurden, um Ackerbau und Viehzucht zu betreiben – da begann das, was wir heute „Kultur" nennen.

Den Schülern unserer Schule droht jetzt ein gegenläufiges Schicksal: Jahrelang hatten wir ein festes Klassenzimmer, wussten wir immer, wo wir hingehören. Auch, wenn das mit Ackerbau und Viehzucht nicht mehr so recht klappte – immerhin konnten wir mit einer sicheren Bleibe rechnen. Seit Beginn des Schuljahres aber, ist es mit der vertrauten Sesshaftigkeit erst einmal vorbei: Durch die Umwandlung unserer Klassenzimmer in Fachräume sind wir Schüler der Joachim-Ringelnatz-Schule zu Nomaden geworden, die sich mit jedem Stundenwechsel von Neuem auf Wanderschaft zu begeben und sich eine neue Bleibe zu suchen haben. Wo noch vor wenigen Monaten die gefürchteten Schwammschlachten der 8b ausgetragen wurden, residiert heute Herr Emmerling – umgeben von verstaubten Geschichtsatlanten und moderner Unterhaltungselektronik. Wo sich einst ermattete Zehnklässer auf Tischen und Bänken lümmelten, schart heute Herr Beginner die Seinen um sich – auf weichen Meditationskissen gebettet und vom sanften Sound tibetanischer Klangschalen umschmeichelt.

Dass man uns Schüler seinerzeit nicht an solchen Plänen beteiligt hat, hat seinen guten Grund. Schließlich hätten wir der Abschaffung des guten, alten Klassenzimmers wohl kaum zugestimmt. Dazu haben wir uns in unseren Klassenräumen viel zu wohl gefühlt.

Inzwischen ist von den alten Klassenzimmern aber kaum noch etwas

Unterrichtsorganisation

Aus dem „RINGELPIETZ" – der Schülerzeitung der Joachim-Ringelnatz-Realschule:

„YOU ARE WELCOME!"

— Fortsetzung —

Beispiel

zu ahnen. Und die täglichen Gewaltmärsche durchs Schulhaus sind uns längst zur Gewohnheit geworden. Was sich ursprünglich wohl niemand von uns hat vorstellen können, scheint jetzt einzutreffen: Wir beginnen uns mit der neuen Regelung allmählich anzufreunden. Dass der Wechsel von einem Fachraum zum anderen gut für unseren Bewegungsradius ist und dass damit immer ein paar Minuten Pause verbunden sind – das muss kein Nachteil sein. Auch die Skeptiker unter uns müssen inzwischen einräumen, dass die Fachräume der Lehrkräfte viel besser ausgestattet sind als unsere alten Klassenzimmer: Flipchart, Laptop, Beamer, Tischkopierer – in den neuen Fachräumen gehört das ganz selbstverständlich zum Inventar. Und auch das ist ein großer Vorteil: Dass inzwischen jeder Fachraum die ganz persönliche Handschrift eines Lehrers trägt. Für uns Schüler bedeutet das mehr Abwechslung und oft auch einen interessanteren Unterricht. Der Fachraum von Frau Müller zum Beispiel ist passgenau zu ihrer Auffassung vom Unterricht eingerichtet: Die Schüler sitzen hier an Gruppentischen, können ihre Ergebnisse an beweglichen Pinnwänden präsentieren und sich an einem professionellen Standmikrofon ausprobieren. Bei Frau Stolze-Glöckel dagegen nehmen die Schüler auf bunten Sitzbällen Platz. Weil die Lehrerin für Deutsch und Englisch dieser neuen Form der Sesshaftigkeit aber selber nicht ganz traut, hat sie ihren Fachraum mit einem riesigen Ledersofa ausgestattet. Jede Stunde ein neuer Lehrer, eine andere Sitzordnung, ein ungewohntes Ambiente – bei so viel Abwechslung beginnt der Unterricht wieder Spaß zu machen.

Alles in allem scheint also auch das Nomadenleben seine Reize zu haben – vor allem dann, wenn einem immer wieder signalisiert wird: „You are welcome!"

Lehrer verändern Schule *Jetzt*

▶ Zeitkonto

Oft ist es nicht ein Mangel an Zeit, der pädagogische Innovationen scheitern lässt – sondern lediglich ein falscher Umgang mit dieser so wichtigen Ressource. Die für solche Innovationen benötigte Zeit wäre vorhanden, wird in vielen Fällen aber falsch eingeteilt. So folgt die Organisation der Unterrichtszeit immer noch dem Modell des Wochenstundenplans, ist das schulische Lernen immer noch in 45-Minuten-Einheiten portioniert. Unter dem Diktat des Wochenstundenplans aber gerät der Unterricht zwangsläufig zur Nummern-Revue: Den Schülern ist die Möglichkeit genommen, sich ganz auf einen bestimmten Gegenstand einzulassen und dafür die nötige Konzentration aufzubringen. Denn oft wird eine solche Beschäftigung durch den Stundengong abrupt abgebrochen. Der Lehrer steht oft so unter Zeitdruck, dass sich Formen des eigenverantwortlichen Arbeitens nicht organisieren lassen und die Lehrkräfte in ihrer Not doch lieber zum Prinzip des Frontalunterrichts zurückkehren. Und an den Besuch außerschulischer Lernorte ist ohnehin nicht zu denken – solange sich die Schüler alle 45 Minuten für ein neues Fach und einen anderen Lehrer bereitzuhalten haben. Die Korsettstangen des Wochenstundenplans schnüren die pädagogische Freiheit mehr ein als alle ministeriellen Erlasse und Verwaltungsgerichtsurteile zusammen.

Lernen in größeren Einheiten

Ohne eine schrittweise Flexibilisierung des Wochenstundenplans, ist eine Grundsanierung des Unterrichts nicht zu leisten. Das Ziel muss dabei sein, für jedes Schuljahr und für jedes Fach verbindliche Stundenkontingente festzusetzen, innerhalb dieser Kontingente aber zeitliche Schwankungen zuzulassen. Der Unterricht im Fach Englisch muss dann nicht mehr viermal in der Woche stattfinden. Er kann in einer Woche acht Stunden in Anspruch nehmen, in der nächsten nur noch drei und in der dritten Woche schließlich ganz ausfallen – ganz, wie es pädagogisch jeweils sinnvoll erscheint. Entscheidend ist nur, dass unter dem Strich die vorgegebene Gesamtzahl der Stunden erreicht wird.

In diesem Zusammenhang hat sich die Anlage eines Zeitkontos bewährt: Für jedes Fach wird ausgerechnet, wie viele Stunden im Verlauf des Schuljahres zu erteilen wären. Von dieser Zahl wird die Gesamtheit der Stunden abgezogen, in denen die Schüler regulär und zu den Bedingungen des Wochenstundenplans unterrichtet werden. Übrig bleibt eine bestimmte Zeitmenge, die für Projekte, Exkursionen und Seminare verwendet werden kann. Solche Unternehmungen können für die Schüler verbindlich sein.
In diesem Fall nimmt die ganze Klasse an einem Workshop oder an einer Stadtführung teil. Sie können von den Schülern aber auch frei gewählt werden. **Hier sind es die Schüler, die sich für eine Veranstaltung oder ein Projekt entscheiden und die über den dafür benötigten Zeitaufwand Buch führen.** Am Ende des Schuljahres muss lediglich gewährleistet sein, dass die vorgegebene Gesamtzahl der Stunden auch tatsächlich eingebracht wurde. Allerdings ist die Anlage eines Zeitkontos von bestimmten organisatorischen Voraussetzungen abhängig. So sollte die Kontingentierung der Unterrichtszeit in den Fächern beginnen, die in Randstunden oder am Nachmittag erteilt werden. Denn hier macht es Sinn, den Regelunterricht ausfallen zu lassen und die Schüler mit anderweitigen Aufgaben zu betrauen. Wenn aber erst einmal ein solcher Anfang gemacht ist, kann das Zeitkonto bald zu einem Selbstläufer werden.

Beispiel

▸ VERTRAG

*über die Einrichtung eines Zeitkontos
im Religionsunterricht der 10. Klassen*

§ 1 Der Umfang des Religionsunterrichts in den 10. Klassen wird auf 72 Wochenstunden festgesetzt.

§ 2 Die Hälfte dieses Kontingents wird im Rahmen des regulären Wochenstundenplans erteilt. Für diese 36 Stunden sind vorgesehen:
- die Zeit zwischen den Sommer- und den Herbstferien,
- die Zeit zwischen den Weihnachtsferien und dem Termin der Halbjahreszeugnisse und
- die Zeit zwischen den Oster- und den Pfingstferien.

§ 3 Weitere 36 Stunden sind im Rahmen außerschulischer Veranstaltungen und Projekte zu erbringen. Dazu gehört
- die verpflichtende Teilnahme an einem Wochenendseminar im Umfang von 12 Stunden,
- die verpflichtende Mitarbeit an einem Projekt des Schülerradios im Umfang von 8 Stunden,
- die frei wählbare Teilnahme an drei Abendveranstaltungen kirchlicher Bildungsträger im Umfang von 6 Stunden,
- die Mitwirkung am Praxistag in einer frei wählbaren karitativen Einrichtung im Umfang von 8 Stunden.

§ 4 Die Stunden im Fach Religion sind als Randstunden ausgewiesen, sodass für die Schüler in der unterrichtsfreien Zeit keine Nachteile entstehen.

§ 5 Die Schüler sind angehalten, über die von ihnen außerhalb des Unterrichts abgeleisteten Stundenkontingente Buch zu führen.

§ 6 In die Notengebung im Fach Religion gehen ein:
- die im Rahmen der Unterrichtsstunden erbrachten schriftlichen und mündlichen Leistungen.
- die im Rahmen des Radioprojekts gezeigten Leistungen, die von der zuständigen Lehrkraft bewertet werden.

Unterrichtsorganisation

▷ ZEITKONTO

für Nadja Bumiller

Beispiel

Klasse: 5c

Schule: Realschule

Fach: Natur und Technik

Gesamtzahl der anrechnungsfähigen Stunden: **108**

Zahl der regulär gehaltenen Unterrichtsstunden: **72**

Zahl der Projektstunden insgesamt: **36**

Als verpflichtende Projekte bringe ich im Umfang von **26** Stunden ein:

a. Mitarbeit im Schulgarten an sechs Nachmittagen *(12 Stunden)*
b. Teilnahme an Workshop „Energiesparen im Klassenzimmer" *(8 Stunden)*
c. Mithilfe im Tierheim an zwei Nachmittagen *(6 Stunden)*

Als frei zu wählende Projekte bringe ich im Umfang von **10** Stunden ein:

a. Teilnahme am „Chemischen Zauberkabinett" im Rahmen des Stadtmädchentags *(4 Stunden)*
b. Besuch des „Experimentellen Salons" im städtischen Kindermuseum *(3 Stunden)*
c. Teilnahme am Kindernachmittag im Botanischen Garten der Universität *(3 Stunden)*

Beispiel

▶ ZEITKONTO
für Olga Torassowa

Klasse: 8b

Schule: Hauptschule

Fach: Deutsch

Gesamtzahl der anrechnungsfähigen Stunden: **144**

Zahl der regulär gehaltenen Unterrichtsstunden: **108**

Zahl der Projektstunden insgesamt: **36**

Als verpflichtende Projekte bringe ich im Umfang von **24** Stunden ein:

a. Mitarbeit am Projekt „Schüler machen Zeitung" der örtlichen Tageszeitung *(10 Stunden)*
b. Teilnahme an einem Ferien-Workshop des Stadttheaters *(8 Stunden)*
c. Führung durch die Stadtbücherei im Rahmen des „Tags der Offenen Tür" *(3 Stunden)*
d. Beitrag für die Schülerzeitung „Nacktschneck" *(3 Stunden)*

Als frei zu wählende Projekte bringe ich im Umfang von **12** Stunden ein:

a. Mitorganisation eines Bücherflohmarkts am letzten Tag vor den Pfingstferien *(8 Stunden)*
b. Teilnahme an der Aktion „Vorlesen in St. Anton" des Caritasverbandes *(4 Stunden)*

▶ ZEITKONTO

für Christian Fröhlich

Beispiel

Klasse: 11 s

Schule: Fachoberschule

Fach: Sozialkunde

Gesamtzahl der anrechnungsfähigen Stunden: **72**

Zahl der regulär gehaltenen Unterrichtsstunden: **36**

Zahl der Projektstunden insgesamt: **36**

Als verpflichtende Projekte bringe ich im Umfang von **12** Stunden ein:
- **a.** Teilnahme an dem Projekt „Stadtrat für einen Tag" *(8 Stunden)*
- **b.** Teilnahme an einem strategischen Planspiel der Bundeswehr *(4 Stunden)*

Als frei zu wählende Projekte bringe ich im Umfang von **24** Stunden ein:
- **a.** Teilnahme an einem Wochenendseminar des Kreisjugendrings aus der Reihe „Mitdenken – Mitreden – Mitentscheiden" *(12 Stunden)*
- **b.** Teilnahme an der ersten Runde des Wettbewerbs „Jugend debattiert" *(4 Stunden)*
- **c.** Teilnahme an einer historisch-politischen Stadtführung des Vereins „Geschichte für alle e.V." *(4 Stunden)*
- **d.** Mitorganisation der Veranstaltung „Die jüngsten Stadtratskandidaten stellen sich vor" *(4 Stunden)*

3. Scholarenzeiten

„Ich bin allhier erst kurze Zeit,
Und komme voll Ergebenheit,
Einen Mann zu sprechen und zu kennen,
Den alle mir mit Ehrfurcht nennen."
(Faust I, „Studierzimmer")

Wege aus einer geschlossenen Anstalt

Mit diesen braven Zeilen macht ein fahrender Schüler in Goethes „Faust" dem verehrten Meister seine Aufwartung. Schon für Goethe war das Scholarenleben nicht mehr als eine historische Reminiszenz. Und modernen Schülergenerationen ist eine solche Bildungsexistenz ohnehin nicht mehr vermittelbar. Dabei hätten gerade sie von den fahrenden Schülern des ausgehenden Mittelalters einiges zu lernen: Zwar präsentiert sich ihnen die Schule schon lange nicht mehr als eine geschlossene Anstalt, aber auch heute noch ist die Schule gefährdet, sich dem realen Leben zu entfremden und ihren Schülern wichtige Außenerfahrungen vorzuenthalten. Deshalb wollen viele Schulen nicht länger mit der Tradition einer pädagogischen Provinz kokettieren. Sie haben damit begonnen, sich dem Leben zu öffnen und mit Stadtteil und Nachbarschaft in einen produktiven Dialog einzutreten.

Einen wichtigen Beitrag dazu hat das Rahmenkonzept **„Gestaltung des Schullebens und Öffnung der Schule" (GÖS)** in Nordrhein-Westfalen geleistet. Und auch das Engagement des Vereins COMED e.V. hat dazu beigetragen, dass sich immer mehr Schulen als Nachbarschafts- oder Stadtteilschulen verstehen und dass die Idee einer „Community Education" auch in der deutschen Bildungslandschaft heimisch werden konnte. An solche Bemühungen schließt der Versuch an, die Schüler wenigstens für einen befristeten Zeitraum in die Normalität des gesellschaftlichen Ernstfalls zu entlassen und sie an die zahlreichen außerschulischen Lernorte auszuleihen. So können sie zu Scholaren auf Zeit werden – und das im 21. Jahrhundert. Eine solche Scholarenzeit ist für die Betroffenen mit keinem Risiko verbunden. Schließlich werden die Schüler in eine Wissens- und Informationsgesellschaft entsandt, in der es fast überall etwas zu lernen und in der es fast immer etwas Neues zu entdecken gibt.

Wenn Schüler wieder zu Scholaren werden, lernen sie nicht an abstrakten Gegenständen, sondern an ganz konkreten Aufgaben. Insofern ist die Scholarenzeit durchaus mit einem Praktikum vergleichbar – auch wenn sie nur in den seltensten Fällen in einem Betrieb abgeleistet wird. Wie ein Praktikum ist auch die Scholarenzeit auf die Dauer von zwei Wochen begrenzt. Und ähnlich ist auch diese pädagogische Auszeit ganz auf die Eigeninitiative der Schüler angewiesen: Sie sind es, die sich eine Aufgabe suchen, die sie in gleicher Weise fordert und ihrer ganz persönlichen Passion gerecht wird. Sie sind es, die sich dafür nach einer geeigneten Einrichtung umsehen und mit dieser die notwendigen Konditionen aushandeln. Die Schüler sind es schließlich auch, von denen der Vorschlag für ein vorzeigbares Abschlussprojekt kommt, das mit den zuständigen Lehrkräften vereinbart und von diesen später evaluiert wird. Als idealer Zeitpunkt bietet sich das letzte Trimester des Schuljahres an. Grundlage ihres Einsatzes ist ein „Scholarenvertrag".

Hier ist geregelt,

▷ wie lange der Scholareneinsatz dauern soll und welcher Zeiteinsatz von den Schülern erwartet wird.
▷ mit welchen Behörden, Vereinen oder Experten die Schüler zusammen arbeiten müssen.
▷ welche Lehrkraft sie während der Zeit im Praktikum fachlich und organisatorisch betreut und welche Standards dafür gelten sollen.
▷ welches Ergebnis die Schüler zum Abschluss ihrer Tätigkeit vorzulegen haben und unter welchen Aspekten dieses bewertet werden soll.

Dieser Aufbruch der Schüler in ungewohnte Lernwelten ist immer mit einem Rollenwechsel der Lehrkräfte verbunden: Sie beraten die Schüler bei der Auswahl ihrer Einsatzorte und helfen ihnen über so manche Hürde bei der Abschlussarbeit hinweg.

3.

Liebe Kolleginnen, liebe Kollegen,

auch in diesem Jahr wird der Unterricht in den 11. Klassen für zwei Wochen außerhalb des Klassenzimmers stattfinden. Die Klassenkonferenz der Klasse 11d hat sich dabei für Lernorte im unmittelbaren Umfeld unserer Schule entschieden. Die Schüler werden ihre Scholarenzeit also jeweils in Einrichtungen des Stadtteils St. Paul absolvieren. Im Einzelnen wurden die folgenden Lernvorhaben angemeldet:

Beispiel

▸ VOR ORT.
Ein Scholarenprojekt der Klasse 11d

Schüler	Projektauftrag	Projektergebnis	Fachliche Anbindung
Carina	Recherchen zur lokalen Kinolandschaft in den 50er Jahren	Wiederbelebung der Tradition des Stadtteilkinos in der Aula des Gymnasiums	Kunst, Geschichte
Johannes	Sammlung von Einzelinterviews mit Gastarbeitern der ersten Generation	Ausarbeitung eines Hörfunk-Features für einen lokalen Ausbildungssender	Geschichte
David	Arbeit im Stadtarchiv und Recherchen im Seniorentreff der Arbeiterwohlfahrt	Herausgabe einer Text- und Fotodokumentation zu den ersten Nachkriegsjahren im Stadtteil	Geschichte, Geografie

Unterrichtsorganisation

Beispiel

Peter und Nicolas	Untersuchung zur Gewässerqualität der umliegenden Badeseen und Freibäder	Vorlage eines Bade-Guides für die Bewohner des Stadtteils	Chemie, Biologie
Marian und Ulrich	Mitarbeit in der örtlichen Unterkunft für Asylbewerber	Ausrichtung einer öffentlichen Veranstaltung für die Nachbarn dieser Einrichtung	Geografie, Deutsch
Jakob und Malina	Akquisition von sportinteressierten Kooperationspartnern und Sponsoren	Organisation eines Stadtteilmarathons auf einer historisch ausgewiesenen Meile	Sport, Geschichte
Claudio	Arbeit an einem Einakter für die Theatergruppe des lokalen Turnvereins	Vorlage eines spielbaren Dramentextes und Leitung der Leseproben	Deutsch, Sport
Miriam und Laura	Mitarbeit in der katholischen Gemeindebücherei	Organisation einer Langen-Harry-Potter-Nacht für die Kinder im Stadtteil	Deutsch, katholische Religion
Tobias, Janika und Alexandra	Mitarbeit im örtlichen Tierheim unter Praktikumsbedingungen	Weiterentwicklung der Homepage des Tierschutzvereins durch eine elektronische Adoptionsbörse	Biologie, Informatik
Christopher, Adrian und David	Erkundungsarbeiten auf einem aufgelassenen jüdischen Friedhof	Freilegung der Friedhofsreste und Katalogisierung der hier bestatteten jüdischen Bürger	Religion, Kunst

Lehrer verändern Schule ⇨ *Jetzt*

3.

Beispiel

Sascha	Teilnahme an einem zweiwöchigen Kurs zum Erlernen der Gebärdensprache	Organisation einer Podiumsdiskussion mit Stadtratskandidaten im Zentrum für Gehörlose	Sozialkunde, Deutsch
Daniela und Nina	Katalogisierung und Übersetzung von lateinischen Inschriften im Einzugsbereich der Schule	Gestaltung eines Jahreskalenders mit den Abbildungen und der Kommentierung solcher Inschriften	Latein, Kunst
Julian	Analyse der Bedarfssituation von Familien mit Kindern im Vorschulalter	Erarbeitung eines Konzepts zum Aufbau einer Babysitting-Agentur im Stadtteil	Wirtschaftslehre, Sozialkunde

Die betroffenen Kolleginnen und Kollegen sind von den Schülern kontaktiert worden und haben den einzelnen Projekten ihre Zustimmung erteilt. Sie werden die Schüler während ihrer Zeit im Stadtteilpraktikum begleiten. In einem Präsentationsabend für die Lehrkräfte und Eltern der 11d werden die Schüler ihre Abschlussprojekte vorstellen und über ihren Einsatz in den unterschiedlichen Einrichtungen berichten.

Ich darf Sie darum bitten, die bevorstehende Scholarenzeit der Klasse 11d mit Zuspruch und Interesse zu begleiten.

Ursula Riedel
Schulleiterin

4. Die Hausaufgaben

Eine Generalsanierung des deutschen Schulwesens erscheint überfällig. Und deshalb gehören eigentlich alle Handlungsfelder der pädagogischen Praxis auf den Prüfstand. So wird derzeit massiv über neue Unterrichtsmethoden und Bewertungsformen nachgedacht, so werden Fragen der Schulstruktur und der Schulautonomie überall diskutiert. Und es waren vor allem die Lehrkräfte, die solche Innovationsaspekte in den pädagogischen Diskurs eingebracht haben. Weil die Praxis der Hausaufgaben aber eher ein Elternthema ist, ist davon in den aktuellen bildungspolitischen Debatten nur selten die Rede. Lediglich im Zusammenhang mit dem Ausbau von Ganztagsschulen wird darüber nachgedacht, hier künftig auf alle Hausaufgaben zu verzichten und diese in die bestehenden Trainings- und Förderangebote zu integrieren.

Wie Hausaufgaben ihren Schrecken verlieren

Die Skepsis der Eltern gegenüber den Hausaufgaben ist durchaus begründet. Sind sie es doch, die hier oft den Ausputzer spielen dürfen. Das Schlagwort vom „Nachhilfestudio Mama" ist keine Erfindung einschlägiger Nachrichtenmagazine, sondern Ausdruck einer allgegenwärtigen Unzufriedenheit. Oft haben die betroffenen Eltern nämlich den Eindruck, dass sie über die Hausaufgaben in die Pflicht genommen werden sollen, um die Defizite und Fehlentwicklungen unseres Schulwesens kompensieren zu helfen. Das erklärt auch, warum vor allem die Eltern über die pädagogische Praxis der Hausaufgaben so unglücklich sind.

Dabei werfen die Eltern der Schule vor, ○ ○ ○
- ○ ○ ○ dass die Hausaufgaben nicht eindeutig genug gestellt sind. Oft können die Schüler den Angaben ihrer Lehrkräfte nicht entnehmen, was diese von ihnen erwarten. Die Folge sind aufwändige Telefonate mit den Mitschülern oder langwierige Erörterungen im Familienkreis.

- dass die Lehrkräfte den Aufwand, der mit den einzelnen Hausaufgaben verbunden ist, oft völlig falsch einschätzen. Aufgaben, für die mancher Lehrer gerade einmal 20 Minuten veranschlagt, können die Kinder eine ganze Stunde in Beschlag nehmen. Für Freizeit und Hobby fehlt dann oft die Zeit.

- dass sich die Lehrkräfte bei der Erteilung von Hausaufgaben oft nicht absprechen und es deshalb zu unzumutbaren Arbeitsspitzen kommen kann. An solchen Tagen ist nicht nur der Alltag der Kinder, sondern darüber hinaus auch die Atmosphäre im Elternhaus belastet.

- dass sich die Schüler im Rahmen der täglichen Hausaufgaben erarbeiten müssen, was ihnen im Unterricht hätte beigebracht werden sollen. Die Hausaufgaben dienen dann nicht mehr dem Einüben und der Vertiefung des aktuellen Stoffs, sondern ersetzen die versäumte Behandlung des Themas im Unterricht.

- dass sich zwar der Unterricht inzwischen um neue Arbeits- und Lernverfahren bemüht, bei den Hausaufgaben aber immer noch die spannungsarmen Methoden der 50er und 60er Jahre vorherrschen. Noch immer ist die Praxis der häuslichen Arbeit von mechanischen und monotonen Aufgaben bestimmt.

- dass individuelle Hausaufgaben immer noch die große Ausnahme sind. Das Prinzip „Eine Hausaufgabe für alle" aber wird den Stärken und Schwächen des einzelnen Kindes nicht gerecht.

- dass den Schüler nie beigebracht wurde, wie man seine Hausaufgaben möglichst effektiv erledigt. Bis in die höheren Klassen hinein unterlaufen den Schülern deshalb Anfängerfehler die sich durch eine entsprechende Vorbereitung hätten vermeiden lassen.

Die Bildungspolitik kennt solche Vorwürfe, hat das Thema bisher aber nicht wirklich angepackt. Stattdessen wird im lyrischen Ton kultusministerieller Erlasse für einen zivilisierten Umgang mit Hausaufgaben geworben. So versichern entsprechende Empfehlungen des Nordrhein-Westfälischen Kultusministeriums: *„Hausaufgaben, die als Ersatz für fehlenden oder ausfallenden Unterricht verwandt werden sollen [...], sind nicht zulässig."*

Wie aber sichergestellt werden soll, dass sich die Schüler den versäumten Stoff nicht doch zu Hause aneignen müssen – davon ist in diesen Richtlinien nicht die Rede. Ebenso empfiehlt das Kultusministerium im selben Erlass, dass die Hausaufgaben in den ersten beiden Jahrgängen der Grundschule nicht mehr als eine halbe Stunde Arbeitszeit beanspruchen dürfen und dass sich ihr Umfang bis zur 10. Klasse auf die Dauer von höchstens zwei Stunden erstrecken darf. Eltern können aber davon berichten, dass Hausaufgaben dieses Umfangs teilweise schon in der Grundschule erteilt werden. Eine Lösung des Problems ist also weder von der Bildungspolitik noch von der Schulverwaltung zu erwarten. Hier ist vielmehr jede einzelne Schule gefordert. Und es ist kaum ein Thema vorstellbar, zu dem ein dauerhafter Austausch zwischen Lehrkräften und Eltern so viel Sinn macht wie hier.

Hausaufgaben können ihren Schrecken verlieren, wenn die Arbeitsorganisation stimmt. Im Rahmen der **Ganztagswoche** machen sich die Schüler mit den dafür notwendigen Techniken und Strategien vertraut. Hausaufgaben müssen aber auch den engen Rahmen kleinschrittiger Lernerfahrungen überwinden. **Hausaufgaben in kumulativer Form** werden diesem berechtigten Anspruch gerecht. Schließlich darf die Praxis der Hausaufgaben nicht zu einer Konkurrenz der Elternhäuser führen. Mit dem **Elternvertrag** kann einer solchen Entwicklung erfolgreich vorgebeugt werden.

Ganztagswoche

Viele Eltern wünschen sich für ihre Kinder die Ganztagsschule. Und manche Pädagogen halten sie für eine notwendige Voraussetzung für mehr Chancengleichheit. Die Schüler selbst aber beurteilen dieses Projekt eher skeptisch. Sie können sich nur schwer mit dem Gedanken anfreunden, den ganzen Tag in der Schule zu sein und so viele Stunden im Bannkreis des Lernens und Lehrens zu verbringen. Übereinstimmend aber hält man der Ganztagsschule in Schülerkreisen zugute, dass hier keine oder zumindest

Die Hausaufgaben

kaum Hausaufgaben anfallen und dass man sich zu Hause dann nicht mehr mit schulischen Problemen belasten muss.

Tatsächlich bietet die Ganztagsschule den Vorteil, dass hier nicht nur die Hausaufgaben größtenteils in der Schule erledigt werden, sondern dass die Schüler damit auch nicht allein gelassen sind. Hier steht ihnen immer ein Lehrer als Ansprechpartner zur Verfügung, hier können sie sich eine Aufgabe noch einmal erklären oder sich abschließend über den gelernten Stoff abfragen lassen. Vor allem aber bekommen sie hier beigebracht, worauf man bei den täglichen Hausaufgaben zu achten hat. **In einer Ganztagsschule lernt man ganz selbstverständlich, Ablenkungen zu vermeiden und sich ganz auf die Hausaufgaben zu konzentrieren.** Man entdeckt, dass das Gehirn einen Wechsel der Aufgabenstellungen braucht, um nicht wegzutauchen. Und man wird daran gewöhnt, dass die mündlichen Hausaufgaben ebenso ernst genommen werden sollten wie die schriftlichen.

Solche Erfahrungen bleiben den meisten Schülern vorenthalten, weil das deutsche Schulwesen immer noch dem Modell der Halbtagsschule verpflichtet ist. Die Umwandlung einer Halbtags- in eine Ganztagsschule wird inzwischen zwar allenthalben empfohlen, scheint aber auf einige wenige Einzelfälle beschränkt zu bleiben. Deshalb wird man sich mit Zwischenlösungen behelfen müssen. Das Projekt der „Ganztagswoche" wäre eine solche Zwischenlösung: Denn hier haben die Schüler eine Woche lang die Möglichkeit, von den besonderen Chancen einer Ganztagsschule zu profitieren: Sie bleiben am Nachmittag in der Schule und erledigen unter Aufsicht und Anleitung ihrer Lehrkräfte die täglich anfallenden Hausaufgaben. Dazu verständigen sich die Kollegen, die in einer Klassenstufe unterrichten, auf grundlegende Arbeitsweisen, die den Schülern in dieser Zeit vermittelt werden sollen. Diese werden dann eine Woche lang eingeübt und in der Folgezeit von den Lehrkräften immer wieder überprüft. Nach der Ganztagswoche können die Schüler dann wieder in ihr häusliches Umfeld entlassen werden. Denn sie haben alles mitbekommen, was sie für eine zuverlässige und effektive Erledigung ihrer häuslichen Arbeiten brauchen.

4.

| Beispiel |

Liebe Eltern der Klasse 5c,

mit dem heutigen Freitag läuft das Projekt „Ganztagswoche" aus: Wir haben Ihre Kinder in dieser Zeit nicht nur am Vormittag unterrichtet, sondern sie auch am Nachmittag bei der Erledigung ihrer Hausaufgaben begleitet.
So sollten Ihre Kinder lernen, dass Hausaufgaben keine Qual sein müssen – wenn man sie richtig plant und effektiv erledigt.

Im Einzelnen haben Ihre Kinder in den letzten Tagen gelernt, ...

… dass sie ihr Aufgabenheft vollständig und übersichtlich führen müssen.

… dass sie sich selber beobachten und den für sie günstigsten Zeitpunkt für die Erledigung der Hausaufgaben herausfinden müssen.

… dass sich mit leerem oder mit vollem Magen nicht gut lernen lässt.

… dass sie für jeden Tag feste Lernzeiten einplanen und diese auch einhalten müssen.

… dass sie einen festen Arbeitsplatz brauchen und dieser immer gut aufgeräumt sein muss.

… dass sie sich während der Arbeit weder durch Anrufe noch durch laute Musik ablenken lassen dürfen.

… dass sie sich von vornherein darüber klar sein sollten, in welcher Reihenfolge sie die Hausaufgaben angehen wollen.

… dass es sinnvoll ist, die Hausaufgaben jeweils in Portionen von 15 bis 20 Minuten aufzuteilen.

… dass Hausaufgaben grundsätzlich nicht länger als zwei Tage hinausgeschoben werden sollten.

… dass sie bei der häuslichen Arbeit immer mit einer leicht lösbaren Aufgabe anfangen sollten.

… dass sie jeweils zwischen mündlichen und schriftlichen Aufgaben wechseln sollten, um ihr Gedächtnis nicht übermäßig zu belasten.

Die Hausaufgaben

- ... dass zu den Hausaufgaben immer auch die Nachbereitung (z.B. in Form einer Fehleranalyse) gehört.
- ... dass sie sich immer an den Lehrer wenden können, wenn sie eine Hausaufgabe nicht verstanden haben.
- ... dass Eltern nicht dazu da sind, um ihren Kindern bei den Hausaufgaben zu helfen, sondern dass sie allenfalls überprüfen sollten, ob diese tatsächlich gemacht sind.

Wir hoffen, dass Ihre Kinder die zurückliegenden Tage als eine Hilfeleistung und nicht als eine Schikane wahrgenommen haben. Wir bitten Sie deshalb, sie immer wieder an jene Grundsätze der häuslichen Arbeit zu erinnern, die wir ihnen während der Ganztagswoche zu vermitteln versucht haben. Für diese Unterstützung danken wir Ihnen sehr herzlich.

Die Lehrkräfte der Klasse 5c

Beispiel

▶ DEN TÄGLICHEN KLEINKRIEG BEENDEN
Mit der „Ganztagswoche" fit für die Hausaufgaben

Aufmerksam liest sich Vanessa eine Seite im Biologiebuch durch. Sie kann sich an diesem sonnigen Nachmittag vielleicht etwas Prickelnderes vorstellen, als sich über den Aufbau und das Wachstum einer Zelle zu informieren. Aber Vanessa ist mit großem Ernst bei der Sache und sie macht sich zur Darstellung des Schulbuchs sogar eifrig Notizen. Neben Vanessa sitzt ihre Freundin Bibi, die über einer Rechenaufgabe brütet und nicht aufgeben will, bevor sich nicht endlich ein realistisches Ergebnis abzeichnet. Die beiden sind konzentriert bei der Arbeit und keine versucht die andere abzulenken.

4.

Beispiel

Die beiden Schülerinnen nehmen an einer Ganztagswoche teil, die die Felix-Wankel-Realschule inzwischen zum dritten Mal veranstaltet. In dieser Zeit verbringen die Schüler der 5. Klasse auch ihre Nachmittage in der Schule. Sie sollen hier lernen, wie sich ihre häusliche Arbeit optimal organisieren lässt. Und sie trainieren das am Beispiel der aktuell anfallenden Hausaufgaben. Angeleitet werden sie bei diesem Projekt von den eigenen Lehrkräften. Denn die wissen vielleicht am besten, wobei es bei den täglichen Hausaufgaben wirklich ankommt.

Geboren wurde die Idee zu einer solchen Ganztagswoche im Rahmen des allgemeinen Elternsprechabends. Da konnten viele Mütter und Väter davon berichten, wie der tägliche Kampf um die Hausaufgaben den Familienfrieden gefährdet. Da gibt es Kinder, die ihre Hausaufgaben ständig aufschieben und denen am Abend dann die notwendige Kondition fehlt. Und da gibt es Schüler, die viele Stunden über den Hausaufgaben sitzen, ohne dass dabei etwas herauskommt. Hier hatten manche Eltern den Eindruck, über die Hausaufgaben transportiere die Schule ihre ungelösten pädagogischen Probleme in die Elternhäuser. Und die Lehrer mussten sich eingestehen, täglich die Hausaufgaben ihrer Schüler zu kontrollieren – ohne diesen jemals beigebracht zu haben, wie man dabei am besten vorgeht. „Mit ihren Hausaufgaben haben wir die Schüler viel zu lange allein gelassen", bekennt die Schulleiterin.

Allerdings wollen sich die Lehrkräfte dieses Versäumnis nicht länger vorhalten lassen. Seitdem bietet die Schule zu Beginn der 5. und der 7. Klasse jeweils eine solche Ganztagswoche an. Hier haben die Schüler nach Unterrichtsschluss eine ganze Stunde frei, bevor sie sich dann in kleinen Gruppen über die Hausaufgaben hermachen. Hierbei werden sie von ihren Lehrern betreut, denen es weniger um die einzelnen Aufgaben als um die Methodik der Hausaufgaben geht. Viele Schüler lernen hier zum ersten Mal, dass die Abfolge der einzelnen Aufgaben gut geplant sein muss, andere machen hier erste Erfahrungen mit der Technik des Abfragens oder mit der Praxis des Exzerpierens. Gegen Ende der Woche findet dann jeweils ein eigener Elternabend statt, bei dem das Gelernte auch an die Eltern der Schüler herangetragen wird.

◆ Kumulative Hausaufgaben

Es muss nicht immer ein Ausdruck von Faulheit sein, wenn die Hausaufgaben so vielen Schülern verhasst sind. Schließlich fühlen sich diese durch die täglichen Hausaufgaben nicht wirklich gefordert, manchmal sogar regelrecht gegängelt. In der Regel folgen die Hausaufgaben starren Vorgaben, die keinerlei Spielraum für Eigeninitiative oder Kreativität lassen. Viele Lehrkräfte sehen in den Hausaufgaben lediglich ein Trainingsgelände, auf dem die Erkenntnisse des Unterrichts durch ständiges Üben und Wiederholen allmählich eingeschliffen werden. Da bleibt kein Freiraum, um die Schüler eigene Entdeckungen machen zu lassen. Ja, nicht einmal über den Zeitpunkt ihrer Erledigung dürfen sie eigenverantwortlich entscheiden. Darüber hinaus überschreiten auch die Hausaufgaben nicht den Bannkreis des Unterrichts: Sie werden von den Schülern als kopflastige und lebensfremde Pflichtübungen erlebt, die sie den Erfahrungen des Alltags entfremden. Schließlich widerspricht die geltende Praxis der Hausaufgaben der Forderung nach einer stärkeren Individualisierung schulischen Lernens: Denn die Aufgabenstellung geht in der Regel nicht auf die individuellen Stärken und Schwächen einzelner Schüler ein. Stattdessen gilt hier der Grundsatz: „Eine (Aufgabe) für alle (Schüler)". Das bedeutet aber, dass viele Schüler ständig über- und andere ständig unterfordert werden. Solche Motivationsdefizite des Regelunterrichts holen die Schüler während ihrer nachmittäglichen Hausaufgaben immer wieder ein.

Nicht von heute auf morgen

Demgegenüber lernen die Schüler mit den kumulativen Hausaufgaben eine ganz andere Lernkultur kennen. Denn hier ist es den Schülern selbst überlassen, wann sie eine Aufgabe erledigen und wie sie dabei vorgehen. Dazu erhalten sie zu Beginn des Schuljahres einen Katalog von Aufgaben, den sie in den nächsten zehn Monaten anpacken müssen. Jede der gestellten

Aufgaben verlangt von ihnen eine gewisse Portion Eigeninitiative: Da müssen Pflanzen gesammelt und in Form eines botanischen Almanachs archiviert werden. Da gilt es, lateinische Inschriften zu entziffern und in den Jargon der Jugendsprache zu übersetzen. Da hat jeder Schüler eine eigene Homepage zu entwerfen und diese ins Netz zu stellen. Immer wenn ein Schüler eine der ihm aufgetragenen Aufgaben erledigt hat, legt er diese seinem Fachlehrer vor. So kann der Lehrer überblicken, wie weit die Schüler inzwischen gekommen sind und wem die Zeit allmählich davonläuft. Der Lehrer zeichnet nicht nur ab, was die Schüler im Laufe eines Schuljahres vorlegen – er hilft ihnen auch, wenn sie sich von einer Aufgabenstellung überfordert fühlen, oder er stellt den Kontakt zu kooperationsbereiten Fachleuten und Einrichtungen her. Aufgabe des Lehrers ist es aber auch, dafür zu sorgen, dass die Arbeiten der Schüler in das Unterrichtsgeschehen integriert werden und nicht in irgendwelchen Mappen und Ordnern verstauben. Denn eigentlich sind Hausaufgaben viel zu schade, um einfach nur erledigt zu werden. Aber auch das muss die Schule erst lernen.

▶ LESEN

Beispiel

Welche Aktivitäten von dir im neuen Schuljahr erwartet werden:

➪ Du lässt dich als Leser in der Stadtbücherei registrieren und erwirbst einen Leseausweis.

➪ Du leihst dir mindestens fünf Bücher aus, die mit einem deiner Hobbys zu tun haben, und legst dazu eine Quittung der Stadtbücherei vor.

➪ Du besuchst eine unbekannte Bibliothek im Stadtgebiet und berichtest darüber in einem Beitrag für den Bibliotheksführer deiner Klasse.

➪ Du besuchst den Lese-Club unserer Schule und legst das Autogramm eines Autors vor, der hier zu Gast war.

➪ Du lässt dir zu Weihnachten ein Buch schenken und schreibst dazu eine Kurzkritik für die Literatur-Kartei deiner Klasse.

➪ Du entwirfst für eines deiner Lieblingsbücher ein neues Cover, das an der Pinnwand im Klassenzimmer aufgehängt wird.

➪ Du entwirfst ein Lesezeichen für deine tägliche Lektüre.

➪ Du beteiligst dich am Taschenbuch-Wichteln deiner Klasse und stellst das Buch, das du bekommen hast, deinen Mitschülern vor.

➪ Du schaust dir einen Film an, der nach einer literarischen Vorlage gedreht wurde, und legst dazu die Eintrittskarte vor.

➪ Du übernimmst die Patenschaft für eine Geschichte aus dem Lesebuch und gestaltest dazu eine Deutschstunde.

➪ Du verkleidest dich wie eine Figur aus deinem Lieblingsbuch und lässt dich in dieser Kostümierung fotografieren.

➪ Du beteiligst dich am großen Lese-TÜV deiner Klasse und legst dazu dein Testergebnis vor.

▶ AKTIVITÄTEN STATT HAUSAUFGABEN

Ergebnisse eines Feedbacks

Beispiel

Am meisten gebracht hat mir ○○○

- ○○○ der Besuch im Lese-Club, weil ich noch nie mit einem richtigen Autor zu tun hatte.
- ○○○ der Lese-TÜV, weil ich jetzt weiß, warum mir das Lesen lange Zeit so schwergefallen ist.
- ○○○ die Sitzung des Lese-Clubs, weil ich gar nicht wusste, dass es so etwas an unserer Schule gibt.
- ○○○ der Kinobesuch, weil ich danach das Buch zum Film gelesen habe.
- ○○○ das Taschenbuch-Wichteln, weil ich jetzt viel mehr über den Geschmack meiner Mitschüler weiß.

Nicht viel gebracht hat mir ○○○

- ○○○ das Lesezeichen, weil ich es schon nach wenigen Tagen wieder verloren hatte.
- ○○○ das Taschenbuch-Wichteln, weil für mich dabei nur ein Mädchenbuch abgefallen ist.
- ○○○ die Suche nach Fachbüchern zu meinem Hobby, weil es über Magic-Karten überhaupt keine Literatur gibt.
- ○○○ die Kostümierung nach einer literarischen Vorlage, weil sich dabei fast alle als Harry Potter verkleidet haben.
- ○○○ der Besuch in der Universitäts-Bibliothek, weil dort eigentlich nur langweilige Bücher stehen.

Die Hausaufgaben

Beispiel

Gut gefallen hat mir an dieser neuen Form von Hausaufgaben, ○○○

○○○ dass jeder von uns andere Dinge erlebt hat.

○○○ dass wir uns für die einzelnen Aktivitäten wirklich Zeit lassen konnten.

○○○ dass wir dabei auch etwas ganz Praktisches leisten mussten.

○○○ dass viele Ergebnisse im Klassenzimmer ausgestellt werden konnten.

○○○ dass wir uns dafür außerhalb der Schule umschauen mussten.

Zu kritisieren habe ich an solchen Aktivitäten, ○○○

○○○ dass sie eher etwas für die Leseratten in unserer Klasse waren.

○○○ dass sie viel mehr Zeit gekostet haben als ganz normale Hausaufgaben.

○○○ dass nicht alle wirklich etwas mit Lesen zu tun hatten.

○○○ dass viele von uns erst viel zu spät damit angefangen haben.

○○○ dass wir uns damit so viel Mühe gegeben haben, ohne dass es dafür Noten gegeben hätte.

Vorstellen könnte ich mir ähnliche Hausaufgaben auch in anderen Fächern. Zum Beispiel könnten wir ○○○

○○○ in Geschichte Ahnenforschung betreiben.

○○○ in Musik eine eigene CD aufnehmen.

○○○ in Englisch eine Brieffreundschaft eingehen.

○○○ in Biologie als Tierpfleger arbeiten.

○○○ in Wirtschaftskunde eigene Produkte verkaufen.

Lehrer verändern Schule ⇨ *Jetzt*

▶ Der Elternvertrag

Die katholische Arbeitertochter vom Lande galt in den 60er Jahren als Inbegriff fehlender Chancengleichheit. Doch schon ein paar Jahre später war dieses soziologische Konstrukt aus der bildungspolitischen Debatte wieder verschwunden. Die Forderung nach mehr Chancengleichheit schien niemand mehr recht zu interessieren und nur ein paar unverbesserliche Sozialromantiker glaubten die Öffentlichkeit mit diesem letzten Überbleibsel der Bildungsreform nerven zu müssen. Nicht weil sie inzwischen hergestellt worden wäre, sondern weil sie politisch nicht mehr gewollt war, wurde die Chancengleichheit von der Agenda gestrichen. Und es bedurfte erst der zu Recht immer wieder zitierten PISA-Studie, um dieses Kernanliegen einer

modernen Gesellschaftspolitik wieder in Erinnerung zu rufen. Da mussten sich die Deutschen von einem internationalen Expertengremium belehren lassen, dass sich die Qualität eines Schulwesens auch an der Verwirklichung der Chancengleichheit entscheidet. Hier aber hat die Bundesrepublik den Anschluss an andere europäische Länder längst verloren und kann sich allenfalls noch mit Mexiko oder Brasilien messen. In einer Detailuntersuchung kann die PISA-Studie zum Beispiel belegen, dass die Bildungschancen eines Kindes aus einer Beamtenfamilie elfmal höher sind als die eines

Kindes aus der Unterschicht. Über solche empirischen Befunde hinaus interessiert sich die pädagogische Forschung für die Frage, wie solche sozialen Disparitäten begründet sind. Dabei wird man immer auf die große Bedeutung der häuslichen Mitarbeit verwiesen: Wo Eltern ihren Kindern bei den Hausaufgaben helfen, sie bei den Vorbereitungen auf Klassenarbeiten unterstützen und für sie gegebenenfalls einen Nachhilfelehrer engagieren – da stellen sich bald auch Erfolge ein. Solche Anstrengungen sind aber vor allem bei den bildungsaktiven Eltern zu finden. Deshalb entscheidet sich der schulische Erfolg auch eher am Esszimmertisch als auf der Schulbank.

Damit alle Schüler einer Klasse wenigstens annähernd gleiche Chancen bekommen, bietet sich deshalb ein Elternvertrag an: Hier verpflichten sich die Eltern freiwillig, ihre Mitarbeit bei den Hausaufgaben oder bei den Prüfungsvorbereitungen zu begrenzen und die Kinder nicht unter dem unterschiedlich großen Ehrgeiz ihrer Eltern leiden zu lassen. Besonders geeignet sind solche Vereinbarungen für Klassenstufen, an denen über die Schullaufbahn von Kindern entschieden wird. Dazu zählt die 4. Klasse der Grundschule ebenso wie die 10. Klasse des Gymnasiums. Denn gerade hier entwickelt sich das Engagement der Eltern oft gegenläufig.

Alle am selben Strang

Denkbar sind solche Elternverträge auch bei ganz anderen Themen: So können sich die Eltern in Form eines Vertrages darauf verständigen, wie lange ihre Kinder täglich fernsehen dürfen, mit wie viel Taschengeld sie zu rechnen haben und wann sie abends zu Hause sein müssen. Ein Elternvertrag zum Thema „Hausaufgaben" ist also ein sinnvoller Beitrag zur Verbesserung der Chancengleichheit.

Kopiervorlage

● VERTRAG

der Eltern der Klasse _____ zum Umgang mit den Hausaufgaben

Als Eltern fühlen wir uns für die schulische Entwicklung unserer Kinder mitverantwortlich. Wir wollen, dass sie gerne zur Schule gehen und dass sie Spaß am Lernen haben. Vor allem aber wollen wir, dass sie untereinander nicht zu Konkurrenten werden und sie alle die gleichen Chancen haben. Deshalb haben wir für die Mitarbeit der Eltern bei der häuslichen Arbeit die folgenden Grundsätze vereinbart:

§ 1 | Wir halten unsere Kinder dazu an, ihr Hausaufgabenheft zuverlässig zu führen. So erübrigen sich alle Nachfragen bei den Klassenkameraden.

§ 2 | Wir sorgen dafür, dass unsere Kinder ihre Hausaufgaben an einem eigenen Arbeitsplatz ungestört erledigen können.

§ 3 | Wir lassen unsere Kinder bei der Erledigung der Hausaufgaben alleine arbeiten, lassen uns aber danach ihre Hausaufgaben vorlegen.

§ 4 | Wir sorgen dafür, dass unsere Kinder nicht länger als 60 Minuten über ihren Hausaufgaben sitzen. Sind die Hausaufgaben in dieser Zeit nicht zu bewältigen, erhält die Lehrerin eine entsprechende Mitteilung.

§ 5 | Wir helfen unseren Kindern, wenn sie mit der Stellung der Hausaufgaben Probleme haben. Sollten sich solche Probleme häufen, informieren wir die Fachlehrerin.

§ 6 | Wir verzichten auf jede Form von Strafe.

§ 7 | Wir helfen unseren Kindern nicht beim Packen der Schultaschen, sondern vergewissern uns nur, dass die Taschen ordnungsgemäß gepackt sind.

§ 8 | Wir sorgen dafür, dass sich unsere Kinder eigenständig auf Prüfungen vorbereiten. Aber wir halten uns zur Verfügung, wenn sich unsere Kinder über das Gelernte abfragen lassen wollen.

§ 9 | Wir verlangen von unseren Kindern, neben Hausaufgaben und Prüfungsvorbereitungen, keine zusätzlichen Lernleistungen.

§ 10 | Wir engagieren für unsere Kinder nur dann eine Nachhilfelehrerin, wenn durch eine längere Krankheit größere Lücken entstanden sind.

Die Eltern der Klasse _____

5. Die leidigen Noten

Seit den 60er Jahren wird der Wert der Ziffernnote von Wissenschaftlern immer wieder angezweifelt. Diese Zweifel aber haben der Note nichts anhaben können. Im Gegenteil: In den aktuellen Auseinandersetzungen ist sie längst zu einer bildungspolitischen Keule geworden, mit der sich angeblich alle Leistungsprobleme unseres Schulsystems erledigen lassen.
So müssen sich in Bayern jetzt schon Schüler der 2. Jahrgangsstufe an ihren Noten messen lassen; und in Nordrhein-Westfalen scheint man entschlossen, hier dem Beispiel der selbsternannten Südpioniere nachzueifern. Einige Bundesländer haben darüber hinaus so genannte „Kopfnoten" eingeführt, mit denen auch das Verhalten oder das Engagement eines Schülers in Form einer Ziffernnote bewertet werden soll.

Noten als Feedback schulischer Leistungen

Hat sich die Ziffernnote innerhalb der Schule bisher gegen jede begründete Kritik behaupten können, so hat sie sich auch außerhalb der Schule zu einer regelrechten Trendmarke gemausert: In der Sportberichterstattung hat es sich eingebürgert, die Tagesform eines Fußballspielers jeweils mit einer Note zu belegen. Die Werbung kann mit Geschmacksnoten aufwarten, die von einem korrupten Käuferpublikum vergeben werden. Und auch für die „Stiftung Warentest" ist es ganz selbstverständlich, die untersuchten Produkte mit Noten von „sehr gut" bis „mangelhaft" auszuzeichnen.
Die Note ist längst keine Domäne der Schule mehr, sondern die unverzichtbare Signatur einer allgegenwärtigen Leistungsgesellschaft.

Auch vor diesem Hintergrund darf die Note nicht als ein kollektives Schicksal hingenommen werden. Denn an den grundlegenden Bedenken gegen diese Form der Bewertung hat auch ihre unverhoffte Popularisierung in der modernen Alltagskultur nichts ändern können:

- Die Note ist ein viel zu plakativer Bewertungsmaßstab. Die Leistung eines Schülers kann nicht nur in sechs Ziffern beschrieben werden, sondern verlangt nach einer differenzierten Beurteilung.

- Die Note gibt sich objektiv, ist in vielen Fällen aber doch nur ein subjektives, vielleicht sogar willkürliches Konstrukt. Die Vorurteile des Lehrers gegenüber einzelnen Schülern können für die Notengebung ebenso ausschlaggebend sein wie deren tatsächliche Leistungen.

- Die Note spiegelt nur ein fiktives Urteil wider, das mit den realen Lebensbedingungen nichts mehr zu tun hat. Über Erfolg und Misserfolg entscheidet nicht die Praxistauglichkeit einer Leistung, sondern alleine das Urteil des Lehrers.

- Die Note orientiert sich ausschließlich am Output schulischer Leistungen. Über den Prozess, der einer solchen Leistung vorausgegangen ist, sagt sie nichts aus.

- Die Note bietet den Schülern einen falschen Maßstab an: Sie verführt dazu, die eigene Leistung jeweils nur am Ergebnis der Mitschüler zu messen, nicht aber an der eigenen Lernentwicklung.

- Die Note lenkt von einer sorgfältigen Fehleranalyse ab. Steht die Note erst einmal fest, sehen die Schüler keinen rechten Sinn darin, ihren Fehlern im Einzelnen nachzuspüren und sich um ein Bild ihrer Stärken und Schwächen zu bemühen.

- Die Note kann das Selbstwertgefühl von Schülern beschädigen, weil sie diese nicht auf ihre Leistung, sondern auf ihre ganze Person beziehen. Die Note verführt dazu, einzelne Schüler zu stigmatisieren und ihnen damit jede Entwicklungsperspektive abzusprechen.

Solche Einsichten sind nicht neu. Und sie haben die Reformpädagogik zu Beginn des 20. Jahrhunderts dazu veranlasst, die Schule als einen notenfreien Raum neu zu erfinden. Einige solcher Schulkonzepte haben sich bis heute behaupten können; und nicht zu Unrecht wird in diesem Zusammenhang immer wieder an die Tradition der Waldorf-Pädagogik erinnert. Dass sich eine Schule ohne Noten aber nicht nur in pädagogischen Nischen durchsetzen lässt – darauf ist man in Deutschland erst durch die Ergebnisse der PISA-Studie aufmerksam geworden. So beginnt die Notengebung in Ländern wie Schweden oder Finnland erst in einem Alter, in dem deutsche Schüler schon erste Selektionserfahrungen hinter sich haben. Dass sich ein solcher Verzicht auf Noten und Zensuren nicht negativ auf die Leistung der Schüler auswirken muss, beweisen die guten Ergebnisse, die die PISA-Studie diesen beiden Ländern bescheinigt. Offensichtlich lernen Schüler ohne Notendruck lieber und leichter, sind sie auch ohne Selektionsängste zu motivieren.

Unzufrieden mit der Allgegenwart der Noten haben einzelne Lehrkräfte damit begonnen, den Notendruck im Klassenzimmer Schritt für Schritt abzubauen: Sie geben die Klassenarbeiten mit einem ausführlichen Wortgutachten heraus, nennen den Schülern aber erst eine Woche später ihre Noten. Dadurch sind die Schüler angehalten, sich ausführlich mit den eigenen Stärken und Schwächen auseinanderzusetzen. Oder sie bewerten nicht mehr die Gesamtleistung einer Arbeit, sondern beurteilen nur noch die Lernentwicklung eines Schülers. Damit haben auch die leistungsschwächeren Schüler Anspruch auf eine positive Bewertung. Oder aber sie legen in den Wochen nach dem Zwischenzeugnis eine notenfreie Phase ein, in denen die Kinder ganz ohne Druck lernen können. Dadurch werden die Noten zwar nicht abgeschafft, aber in ihrer Bedeutung relativiert.

Um die Unzulänglichkeiten der Ziffernnote zu korrigieren, bedarf es keiner spektakulären Maßnahmen: So können die Schüler ihre Leistungen im Rahmen einer **B-Note** selber bewerten. Sie können daran gewöhnt werden, durch so genannte **„Bring-Noten"** selbst etwas für ihr Notenkonto zu tun. Und sie können sich mit der **„Probe aufs Exempel"** dem Urteil außerschulischer Fachleute stellen. So kann die Note wieder zu dem werden, was ihr immer noch zugetraut werden kann: Zu einem Feedback schulischer Leistungen.

▶ Die B-Note

„Was Leistung ist, bestimme ich!" – Mit der unerschütterlichen Autorität staatlicher Lehrkörper haben ganze Pädagogengenerationen so geredet und damit jeden Diskurs über schulische Leistungen von vornherein abgewürgt. Ganz so martialisch klingt es aus dem Mund moderner Pädagogen nicht mehr. Aber der offene Diskurs über den Stellenwert schulischer Leistungen ist immer noch nicht eröffnet. In Unternehmen und in gesellschaftlichen Organisationen ist man da schon ein gutes Stück weiter: Hier bemisst sich Leistung längst nicht mehr nur am Output, also am sichtbaren Ergebnis. Hier zählt inzwischen auch der Prozess, der zu einem solchen Ergebnis führt. Was eine Arbeit taugt, wird außerdem nicht mehr nur von den Vorgesetzten entschieden, sondern zunehmend auch von den Akteuren selbst. So schließen inzwischen viele Betriebe mit ihren Mitarbeitern Vereinbarungen ab, in die diese ihre eigenen **Zielerwartungen** einbringen. Nach einem festgelegten Zeitraum wird dann evaluiert, was aus den guten Vorsätzen geworden ist. Die Beteiligten überprüfen, welche Erwartungen sich erfüllt haben und woran sie gegebenenfalls gescheitert sind.

Eine ähnliche Funktion erfüllt die B-Note: Denn sie wird nicht vom Lehrer, sondern von den Schülern vergeben – auf der Grundlage dessen, was sich diese selber vorgenommen haben. Dazu erhalten die Schüler rechtzeitig vor der nächsten Klassenarbeit einen **Erwartungsbogen**, in dem ganz unterschiedliche Vorsätze aufgelistet sind. Die Schüler müssen entscheiden, was sie sich im Zusammenhang mit dieser Klassenarbeit vornehmen wollen. Dabei sollten sie sich auf höchstens sechs Zielvorgaben beschränken. Gleichzeitig wird von ihnen eine Gewichtung dieser Erwartungen verlangt. Anschließend werden die ausgefüllten Erwartungsbögen eingesammelt – und erst nach der Klassenarbeit wieder ausgeteilt. Jetzt müssen die Schüler bewerten, wie konsequent sie während der Vorbereitungszeit ihren eigenen Ansprüchen gerecht geworden sind. Dazu vergeben sie für jeden einzelnen Erwartungsaspekt eine Note. Der Lehrer wird dann im Rahmen seiner Korrektur jeweils auch die B-Note ausrechnen und den Erwartungsbogen mit der Klassenarbeit an die Schüler zurückgeben. Und damit geht auch der von ihnen aufgewendete Input in die Bewertung einer Klassenarbeit ein.

5.

> **Beispiel**
>
> Liebe Eltern der Klasse 9b,
>
> Noten sind keine Drohgebärden und keine Strafhandlungen. Viel eher sind sie Rückmeldungen, die ihren Kindern helfen sollen, die von ihnen erbrachten Leistungen richtig einzuschätzen. Alleiniger Maßstab der Notengebung waren bisher die Erwartungen der Lehrkräfte – und wir waren uns der damit verbundenen Verantwortung immer bewusst. Auf der Strecke bleiben dabei freilich die Erwartungen, die ihre Kinder an sich selber stellten: Was sie sich im Zusammenhang mit einer Klassenarbeit vorgenommen hatten und wie viel sie davon erreichen konnten – das wurde bis jetzt im Rahmen der Notengebung kaum gewürdigt.
>
> Uns Lehrern ist bewusst, dass sich Leistung nicht nur an fremden Erwartungen messen darf, sondern sich auch dem eigenen Anspruch stellen muss. Deshalb sollen die Klassenarbeiten ihrer Kinder in Zukunft immer doppelt bewertet werden: In Form einer A- und einer B-Note. Da ist zunächst die Note, mit der wir Lehrer die gezeigten Leistungen bewerten; diese Note werden wir künftig die „A-Note" nennen. Während ihrer gesamten Schullaufbahn waren Ihre Kinder ausschließlich mit solchen A-Noten konfrontiert. Deshalb gibt es hier keinerlei Gewöhnungsbedarf. Daneben soll es künftig aber auch eine „B-Note" geben: Sie gibt Auskunft darüber, inwieweit Ihre Kinder den eigenen Ansprüchen gerecht geworden sind. Aufgabe Ihrer Kinder ist es dabei, von vornherein solche

Die leidigen Noten

Ansprüche zu formulieren und sie entsprechend zu gewichten. Nach der Klassenarbeit müssen sie sich dann selber Rechenschaft ablegen, inwieweit sie die selbst gesteckten Ziele erreicht haben.

Beispiel

Auch wenn diese Praxis für Sie noch etwas ungewohnt sein dürfte: Wir bitten Sie, diese B-Noten in Zukunft genauso ernst zu nehmen wie die Zensuren, mit denen wir Lehrer die Arbeiten Ihrer Kinder benoten. Denn unser Urteil ist immer am Output orientiert. Die Selbsteinschätzung Ihrer Kinder verrät auch etwas über die Anstrengungen, die diese in eine Klassenarbeit investieren – und auch an einem solchen Input sollte das Leistungsvermögen Ihrer Kinder gemessen werden.

Mit der Einführung der B-Note beschreiten auch wir Neuland. Wir würden uns deshalb über jedes Feedback freuen, mit dem Sie uns vom Erfolg oder Misserfolg dieses Innovationsprojekts unterrichten.

Die Fachlehrer/innen der Klasse 9b

Gudrun Beilharz

i.A. Gudrun Beilharz, Klassenlehrerin

5.

Beispiel

Klasse 9b – 2. Klassenarbeit im Fach Mathematik

○ DIE B-NOTE

Eigene Leistungserwartungen	Gewichtung	Ergebnis
Ich will die Fehler, die mir in der letzten Klassenarbeit unterlaufen sind, gründlich analysieren – um daraus für die Zukunft zu lernen.		
Ich will mindestens 14 Tage vor dem Termin der Klassenarbeit einen Lernplan erstellen und diesen über meinem Schreibtisch aufhängen.		
Ich will jeden Tag wenigstens 30 Minuten für die Klassenarbeit lernen und mir nur am Samstag eine Pause gönnen.		
Ich will mir im Rahmen der Vorbereitung die Aufgaben aus dem Schulbuch vornehmen, die wir im Unterricht nicht gerechnet haben.		
Ich will ein Kapitel aus dem Mathematikunterricht früherer Klasen wiederholen – weil ich damit immer noch Probleme habe.		
Ich will bei der Vorbereitung auf diese Klassenarbeit auch die Lernhilfen oder Lernsoftware der Schulbuchverlage nutzen.		
Ich will mir im Schulaufgabenarchiv der SMV die Angaben früherer Klassenarbeiten besorgen und diese durchrechnen.		

Die leidigen Noten

Beispiel

Eigene Leistungserwartungen	Gewichtung	Ergebnis
Ich will mich mit anderen Schülern aus meiner Klasse treffen, um mich mit ihnen zusammen auf die Schulaufgabe vorzubereiten.		
Ich will mich während der Vorbereitungsphase immer an meinen Lehrer wenden, wenn ich an einer freiwilligen Aufgabe gescheitert bin.		
Ich will mir bei der Vorbereitung von meinen Eltern nicht helfen lassen und diesmal auch ganz ohne Nachhilfe auskommen.		
Ich will an dem freiwilligen Paukkurs teilnehmen, den unser Lehrer wenige Tage vor dem Termin der Klassenarbeit anbietet.		
Ich will zwei Tage vor der Klassenarbeit eine Probeschulaufgabe schreiben, bei der Ernstfallbedingungen gelten sollen.		
Ich will meine Vorbereitungen am Nachmittag vor der Klassenarbeit abschließen und den Abend davor möglichst entspannt gestalten.		
Ich will mich um eine möglichst saubere Gestaltung meiner Klassenarbeit bemühen – um nicht wieder den Überblick zu verlieren.		
Ich will mir nach der Klassenarbeit für die Mühe der vorangegangenen Tage eine besondere Belohnung gönnen.		

▸ Bringnoten

Lange Zeit war man sich unter Deutschlands Pädagogen einig, dass eine Schule ohne Noten wohl nicht vorstellbar wäre. Einig war man sich bisher auch, dass die Notenerhebung jeweils dem Prinzip der „Holnote" zu folgen habe: Der Lehrer bestimmt den Zeitpunkt, den Gegenstand und den Umfang der Tests und Abfragen. Den Schülern aber bleibt gar nichts anderes übrig, als brav zu lernen und sich von den Lehrern von Zeit zu Zeit in die Mangel nehmen zu lassen. Ihre Rolle ist die der Opfer, nicht aber die der Akteure. Bei der Notenbildung kommt ihnen nur ein passiver Part zu.

Einbringen statt Abfragen

Denkbar wäre aber auch ein ganz anderes Modell der Notenbildung, für das sich der Terminus der „Bringnote" anbietet: Hier können die Schüler selber entscheiden, wann sie den Zeitpunkt für günstig und das Thema für angemessen halten. Sie warten nicht, bis sie vom Lehrer einer Prüfung unterzogen werden, sondern bringen sich vorher selber ein. Sie lassen sich nicht durch überraschende Tests oder Abfragen einschüchtern, sondern können mit bekannten Themen und verlässlichen Prüfungsbedingungen rechnen. Die Bringnote folgt damit einem ganz naturwüchsigen Reflex: Schon kleine Kinder wollen den Erwachsenen demonstrieren, was sie alles gelernt haben und was sie inzwischen sicher beherrschen. Sie wollen sich keiner aufgesetzten Prüfungssituation aussetzen, sondern der Erwachsenenwelt selbstbewusst beweisen: Ich kann meine Schuhe selber zuschnüren, der Blockflöte ein paar Töne entlocken oder auf einer Mauer ohne fremde Hilfe balancieren. Offensichtlich gehört zur Leistung immer, dass sie gerne vorgezeigt wird. Und dieser Effekt stellt sich auch mit der Bringnote ein.

Mit der Bringnote kann sich der Schüler in die Leistungserhebung aktiv einbringen: Er selbst entscheidet darüber, ob er geprüft werden möchte, um sein Notenbild zu verbessern. Und er selbst entscheidet über den richtigen Zeitpunkt. So kann er seinem Lehrer mit Hilfe eines Zertifikats beweisen, was er inzwischen alles beherrscht. Dazu sind ihm die Leistungserwartungen im Einzelnen vorgegeben – und er selbst meldet sich zur Abfrage an, wenn er sich seiner Sache einigermaßen sicher ist. Der Lehrer notiert das Ergebnis auf einer Sammelkarte und diese Sammelkarte geht später in die Notengebung ein. Natürlich wird sich ein Schüler nicht gleich in zwölf Kategorien prüfen lassen. Aber mit ein paar Abfragen kann er doch erreichen, dass er sich in einem bestimmten Fach vielleicht um eine ganze Note verbessert. – Andererseits kann der Schüler im Rahmen einer **Präsenznote** auf sich aufmerksam machen. Dazu erhält die Klasse zu Beginn eines Halbjahres jeweils eine Übersicht über die geplanten Stundenthemen. Den einzelnen Schülern steht es jetzt frei, sich auf ein solches Thema gezielt vorzubereiten und sich mit ihrem neu erworbenen Wissen in das Unterrichtsgeschehen einzubringen. Fällt dem Lehrer auf, dass sich ein Schüler nicht nur häufig meldet, sondern sich offensichtlich gründlich in die Materie eingearbeitet hat – so wird diesem am Schluss der Stunde eine „1" in das Notenbuch eingetragen. Denn Bringnoten sind fast immer auch Einbringnoten.

Beispiel

⏵ ZERTIFIKAT

für den Erdkundeunterricht einer 7. Klasse

1. Ich kenne sämtliche Länder Europas mit ihren Hauptstädten.	*Datum:* *Note:* *Zeichen:*
2. Ich kenne alle Länder, die Mitglied der Europäischen Union sind.	*Datum:* *Note:* *Zeichen:*
3. Ich kann die wichtigsten europäischen Länder an ihrem Umriss erkennen.	*Datum:* *Note:* *Zeichen:*
4. Ich kenne acht europäische Gebirge und kann sie auf einer stummen Karte wiedererkennen.	*Datum:* *Note:* *Zeichen:*

GEOGRAFIE-ZERTIFIKAT

Klasse 7b für

_____

5. Ich kenne zehn europäische Flüsse und kann ihren Verlauf beschreiben.	*Datum:* *Note:* *Zeichen:*
6. Ich kenne die Klimazonen Europas und kann deren Eigenart beschreiben.	*Datum:* *Note:* *Zeichen:*
7. Ich kenne die europäischen Vegetationszonen und kann sie anhand von Fotos bestimmen.	*Datum:* *Note:* *Zeichen:*

Die leidigen Noten

Beispiel

8.	Ich kann die zehn größten Länder Europas innerhalb des Gradnetzes lokalisieren.	*Datum:* *Note:* *Zeichen:*
9.	Ich kann anhand der Höhenlinien bestimmen, wo sich in Europa Berge oder Gebirge befinden.	*Datum:* *Note:* *Zeichen:*
10.	Ich kann das Klima einzelner europäischer Städte mit Hilfe eines Klimadiagramms bestimmen.	*Datum:* *Note:* *Zeichen:*
11.	Ich kann mit Hilfe von zwei thematischen Karten den Zusammenhang von Rohstoffvorkommen und Industriestandorten erläutern.	*Datum:* *Note:* *Zeichen:*
12.	Ich kann anhand eines Diagramms die Bevölkerungsentwicklung in verschiedenen europäischen Ländern beschreiben.	*Datum:* *Note:* *Zeichen:*

5.

> **Beispiel**
>
> Liebe Schülerinnen und Schüler der Klasse 7b,
>
> ich wünsche euch für das neue Schuljahr viel Erfolg und hoffe, dass ihr alle den Aufstieg in die nächste Klasse schafft. Über Erfolg und Misserfolg werden auch im neuen Schuljahr eure Noten entscheiden. Daran will und kann ich nichts ändern. Allerdings soll diesmal jeder von euch eine zusätzliche Chance erhalten, um etwas für seine Erdkundenote zu tun und mögliche Misserfolge aus eigener Kraft auszubügeln.
>
> Wer etwas für sein Notenkonto tun möchte, sollte sich auf eine der folgenden Stunden besonders gut vorbereiten: durch Nachforschungen in der Stadtbibliothek oder durch Recherchen im Internet, durch Gespräche mit den Eltern oder durch Erkundigungen bei Schülern aus anderen Klassen. Ihr solltet über das Thema einer solchen Stunde so gut Bescheid wissen, dass ihr zu einem Aktivposten des Unterrichts werdet. Von euch erwarte ich dann zusätzliche Informationen, interessante Fragen und eine eigenständige Meinung. Mehr noch: Ich erwarte, dass ihr mir einen Teil meiner Arbeit abnehmt. Wenn ihr euch so in den Unterricht einbringen könnt, dass es gar nicht mehr zu übersehen ist – dann habt ihr euch eine mündliche „1" verdient. Am Ende einer Erdkundestunde teile ich euch dann jeweils mit, wer sich nach meiner Beobachtung auf diese Stunde besonders gut vorbereitet hat und wem ich deshalb eine „1" in mein Notenbuch eintrage. Diese Präsenznote zählt dann jeweils so viel wie eine „1" in der Klassenarbeit, ist also mehr wert als alle anderen mündlichen Noten.
>
> Ich weiß, dass die Einführung solcher Präsenznoten für euch wie für mich gewöhnungsbedürftig ist. Ich bin mir aber auch ganz sicher: Auf lange Sicht werdet ihr einen Fortschritt darin sehen, euch aktiv an der Notenbildung beteiligen zu können. Jetzt habt ihr es in der Hand, daraus etwas Sinnvolles zu machen.
>
> Und hier sind die Themen der Erdkundestunden, auf die ihr euch im ersten Halbjahr einstellen könnt:

▰ ▰ ▰ Die leidigen Noten

▶ EUROPA – Ein Kontinent wird besichtigt

1. **Europa:** Wie unser Kontinent zu seinem Namen kam.
2. **Vom Atlantik bis zum Ural?** Die Grenzen Europas.
3. **Ein Blick in die Erdgeschichte:** Die geologischen Grundlagen Europas.
4. **Mal maritim, mal kontinental:** Das europäische Klima.
5. **Großbritannien I:** Landwirtschaft auf der Insel.
6. **Großbritannien II:** Geschichte der industriellen Revolution.
7. **Großbritannien III:** Das Innenleben einer Monarchie.
8. **Großbritannien IV:** Das Erbe des Commonwealth.
9. **Großbritannien V:** Der Nordirland-Konflikt.
10. **Großbritannien VI:** Mit der U-Bahn durch London.
11. **Niederlande I:** Gemüse und Blumen aus Holland.
12. **Niederlande II:** Weltmeister im Küstenschutz.
13. **Niederlande III:** Wo das Radfahren zu Hause ist.
14. **Frankreich I:** Ein zentralistischer Staat.
15. **Frankreich II:** Land der großen Weine.
16. **Frankreich III:** Leben wie Gott in Frankreich.
17. **Frankreich IV:** Atomstrom – ja bitte?   *Beispiel*
18. **Frankreich V:** Pferde in der Carmargue.
19. **Frankreich VI:** Hexenkessel Marseille.
20. **Italien I:** Italiens unruhige Vulkane.
21. **Italien II:** Vegetation des Mittelmeerraums.
22. **Italien III:** Reicher Norden – armer Süden.
23. **Italien IV:** Mekka der Touristen.
24. **Italien V:** Mafia-Geschichten.
25. **Italien VI:** Das Land des Silvio Berlusconi.
26. **Spanien I:** Die Spuren der Araber.
27. **Spanien II:** Ein Volk von Eroberern.
28. **Spanien III:** Südfrüchte aus Spanien.
29. **Spanien IV:** Der Stierkampf im Meinungsstreit.
30. **Spanien V:** Die Insel der Ballermänner.
31. **Spanien VI:** Der Terror der ETA.

Viel Spaß!
Euer Erdkundelehrer

⮞ Probe aufs Exempel

Die Note ist ein Kunstprodukt: Der Schüler erhält für eine Leistung, die keiner braucht, eine Zensur, die keinem etwas sagt – und das nach Kriterien, die keiner durchschaut. In der Notengebung spiegelt sich deshalb das Dilemma allen schulischen Lernens wider. Denn die Schule ist ein künstlicher Raum, in dem ganz andere Regeln gelten als in der Ernstfallsituation des Lebens. Es wäre deshalb ein Gewinn für die Motivation der Schüler, wenn sie sich nicht nur den Erwartungen ihrer Lehrer, sondern auch den Anforderungen realer Lebenssituationen zu stellen hätten.

In diesem Sinne sollten die Schüler auch einmal eine „Probe aufs Exempel" riskieren. Dazu werden von ihnen Leistungen verlangt, über die letztlich nur außerhalb der Schule entschieden werden kann: So kann es ihre Aufgabe sein, eine Zeitungsanzeige zu formulieren. Was so eine Anzeige aber taugt, das entscheidet sich an der Zahl der Zuschriften. Wie geschickt sie dabei vorgehen, darüber befinden ganz alleine die Autoren. Schon jetzt honorieren es manche Schulen, wenn sich ihre Schüler erfolgreich an einem Wettbewerb beteiligen und wenn sie eine Veröffentlichung von sich vorlegen können. Aus solchen Ansätzen heraus wird aus der „Probe aufs Exempel" ein durchgängiges Prinzip der Notenbildung.

Die pädagogische Vernunft gebietet es, dass ein solches Projekt nicht ausschließlich an vorzeigbaren Ergebnissen interessiert ist. Deshalb müssen auch solche Versuche angemessen gewürdigt werden, bei denen sich ein Schüler zwar mit großem Engagement bemüht, letztlich aber an den unbarmherzigen Realitäten scheitert. Denn letztlich sollte sich Leistung gerade in der Schule weniger über das Ergebnis als über den

Prozess definieren. Außerdem sollte klar sein: Mit einer solchen „Probe aufs Exempel" bekommen die Schüler eine zusätzliche Chance, um ihr Notenbild nach oben hin zu korrigieren. Sie stellt keinen Ersatz für Klassenarbeiten oder Abfragen dar – und das wäre schulrechtlich auch gar nicht zu rechtfertigen.

Wenn sich die Schüler einem externen Urteil stellen müssen, ändert sich auch die Rolle des Lehrers: Er muss sich nicht länger in einer Doppelrolle als Trainer und Richter aufreiben, sondern kann zum Coach seiner Schüler werden. Er berät, er vermittelt, er spornt an – und kann die undankbare Aufgabe des Urteilens und Bewertens doch anderen überlassen. Der Lehrer kann sich darauf beschränken, seine Schüler in die Praxis des Börsenspiels einzuführen oder sie auf die Wunschsendungen privater Hörfunkanbieter hinzuweisen. Wie clever sich seine Schützlinge dabei aber anstellen – darüber soll das Leben richten. Zugegebenermaßen kann eine solche „Probe aufs Exempel" die herkömmliche Notengebung nicht ersetzen, sondern allenfalls ergänzen. Denn außerhalb des geschützten Schulterrains müssen sich die Schüler auf manche Grausamkeiten einstellen, es bieten sich ihnen aber auch zahlreiche Manipulationsmöglichkeiten an. Dennoch sollte die Schule auf einen solchen Praxistest nicht verzichten – will sie ihre Schüler der harten Lebenswirklichkeit nicht ganz entfremden.

Beispiel

„Du kannst etwas für deine Note im Fach Sozialkunde tun, wenn du einen Leserbrief für eine Zeitung oder Zeitschrift verfasst. Voraussetzung ist nur, dass du dich intensiv mit einem Zeitungsartikel auseinandersetzt und dazu einen Leserbrief verfasst. Diesen kannst du dann an die Redaktion der entsprechenden Zeitung schicken. Hattest du Erfolg mit deinem Brief? Wurde er abgedruckt? Diskutiert eure Ergebnisse in der Klasse."

Beispiel

Klasse 10b:
○ AUSWERTUNG DER LESERBRIEF-AKTION

Schüler	Zeitung/ Zeitschrift	Thema	Ergebnis
Mathias	Kicker-Sportmagazin	Trainerwechsel in der Bundesliga	Förmliche Absage der Redaktion
Henner	Financial Times Deutschland	Höhenflug der SAP-Aktie	Keine Reaktion. Henner bekommt wegen der hohen Qualität seines Briefs wenigstens eine „2".
Helen	Jungle World	Ausbildungssituation in Ostdeutschland	Mit Kürzungen abgedruckt
Marcus	Märkische Allgemeine	Beteiligung der Schüler an den Kopierkosten	Zu einem redaktionellen Beitrag weiterverarbeitet
Lisa	Mädchen	Berichterstattung über deutsch-türkische Rapper	Leicht entstellt abgedruckt
Nathalie	Ein Herz für Tiere	Neuer Kampfhundeerlass	Handgeschriebene Absage der Redaktion
Christopher	Der Spiegel	Rückläufige Zahl der Lehramtsstudenten	Mit kräftigen Strichen abgedruckt.

Die leidigen Noten

Beispiel

Katharina	Rapunzel	Mangelnde Würdigung des Mittelalters in den Lehrplänen	Keine Reaktion
Karl	Chip	Kritik an der Beurteilung eines neuen Computerspiels	Kurze Absage der Redaktion
Susanne	Märkische Allgemeine	Anstieg der kommunalen Gaspreise	Ungekürzt abgedruckt
Elena	Frankfurter Allgemeine Zeitung	Haltung des Papstes zur AIDS-Prävention	Keine Reaktion. Elena bekommt wegen ihres großen Engagements aber wenigstens eine „2".
Simon	Health and Fun	Kritik an der Darstellung asiatischer Kampfsportarten	Ausführlicher Brief der Redaktion
Felicia	BRAVO	Kritik an der Platzierung von Anzeigen der Bundeswehr in einer Jugendzeitschrift	Formloses Schreiben der Redaktion
Der Lehrer	Frankfurter Rundschau	Plädoyer zur Einführung eines Familienwahlrechts	Keine Reaktion

Lehrer verändern Schule *Jetzt*

5.

▶ DIE PROBE AUFS EXEMPEL

Beispiele aus unterschiedlichen Fächern

⇨ Simon hat eine Dienstleistung öffentlich angeboten und damit Geld für ein Projekt in der Dritten Welt gesammelt.

⇨ Lukas hat einen Stoff der Weltliteratur auf heutige Verhältnisse umgeschrieben und auf der Ratgeberseite einer Hausfrauenzeitschrift untergebracht.

⇨ Leila hat sich am Flughafen freiwillig als Dolmetscherin zur Verfügung gestellt und dabei entsprechende Trinkgelder eingenommen.

⇨ Max hat im Chat einen Partner aufgetan, mit dem er auf Lateinisch kommuniziert und der auch vom Lehrer angemailt werden kann.

⇨ Nadine hat es geschafft, bei der schulinternen Mathe-Olympiade bis in die letzte Runde zu kommen.

⇨ Jenny hat der Herstellerfirma eines technischen Geräts einen Verbesserungsvorschlag unterbreitet und kann dazu eine Antwort der zuständigen Abteilung vorlegen.

⇨ Luisa hat die im Unterricht verteilten Samenproben sachgerecht eingesät und noch während des laufenden Schuljahres eine daraus erwachsene Pflanze vorzeigen können.

⇨ Felix hat im Urlaub eine Flaschenpost ausgesetzt und ein Antwortschreiben des Finders bekommen.

⇨ Christiane hat beim Börsenspiel der lokalen Sparkasse mitmachen können.

⇨ Tim hat sich an der Wunschsendung eines Radiosenders beteiligt und die Berücksichtigung seines Wunsches durch einen Mitschnitt belegen können.

⇨ Michael hat sich als Straßenkünstler betätigt und ist dafür mit einem Spendenbeitrag belohnt worden.

⇨ Lena ist wegen ihrer Leistungen im Sportteil der Heimatzeitung erwähnt worden.

6. Schule ohne Sitzenbleiber

68 % der deutschen Eltern können und wollen sich nicht vorstellen, dass eine Schule auf das Prinzip der Pflichtwiederholung ganz verzichtet. Tatsächlich galt die Aussicht auf eine „Ehrenrunde" lange Zeit als wichtigster Motivationshebel schulischen Lernens. Fest davon überzeugt, dass kein Schüler aus freien Stücken etwas lernen würde, drohte man den Lernunwilligen und Leistungsverweigerern damit, sie die Klasse wiederholen zu lassen. Wo auch mit Lob und Prügel nicht mehr viel auszurichten war, da sollte wenigstens die Angst vor dem Sitzenbleiben den brachliegenden Ehrgeiz mobilisieren.

Pflichtwiederholung ist keine Lösung

Eher aus Ratlosigkeit denn aus Überzeugung hält man an Deutschlands Schulen an dieser fragwürdigen Praxis fest. So mussten im Jahr 2003 laut Statistischem Bundesamt 252.559 Schüler die Klasse wiederholen – eine Maßnahme, die den Steuerzahler mehr als 1,2 Milliarden Euro gekostet haben dürfte. Laut einer Statistik der Kultusministerkonferenz liegen dabei die Realschüler an der Spitze, von denen jedes Jahr 5,6 % nicht vorrücken dürfen, gefolgt von den Hauptschülern (4,1 %) und den Gymnasiasten (2,8 %). Darüber hinaus wiederholen viele Schüler eine Klassenstufe freiwillig oder werden von ihren Eltern erst verspätet eingeschult. Das führt dazu, dass 15,9 % der 15-Jährigen die 9. Klasse noch gar nicht erreicht haben, wie die PISA-Studie bilanziert. Und an den Hauptschulen gilt das sogar für jeden dritten Schüler.

Glücklich ist mit dieser Praxis wohl niemand. Aber es bedurfte erst der Experten des deutschen PISA-Konsortiums, bis auch hierzulande das Undenkbare endlich gedacht werden durfte. Den Fachleuten war aufgefallen, dass gerade die Länder, die im europäischen Vergleich einen Spitzenplatz belegen, ganz ohne die Praxis des Sitzenbleibens auskommen. So besuchen in den skandinavischen Ländern fast alle 15-Jährigen die 9. Klasse, während sich ihre Altersgenossen in Deutschland über drei Klassenstufen verteilen.

An empirischen Daten konnten die PISA-Experten belegen, **dass das Prinzip der Pflichtwiederholung zu keiner Leistungssteigerung führt.** Denn diejenigen, die eine Klasse wiederholen, gehören nach kurzer Zeit wieder zum hinteren Leistungsdrittel. Den Anschluss an die Leistungsstarken finden hier nur die wenigsten. Dieser Befund wird durch amerikanische Studien nur bestätigt: Hier hat man die Leistungsentwicklung der Sitzenbleiber mit der jener Schüler verglichen, die nur mit allergrößter Not den Sprung in die nächste Klasse geschafft haben. Das Ergebnis überrascht und leuchtet doch ein: Wer das Vorrücken nur einer Extraportion Glück oder einem gnädigen Kollegium zu verdanken hatte, bringt unter dem Strich bessere Leistungen als alle, die zu einem Wiederholen der Klasse verurteilt waren. **Die Behauptung, in einem leistungsschwächeren Lernumfeld lerne es sich leichter, ist damit für alle Zeit widerlegt.** Auch die Diskussion um die überflüssige Praxis der Pflichtwiederholung beweist: Heterogene Lerngruppen sind einfach leistungsstärker – und davon profitieren alle Beteiligten.

Die Antwort der Politik auf solche Erkenntnisse ließ lange auf sich warten, liegt aber inzwischen vor: Es ist das erklärte Ziel der Kultusminister, die Zahl der Pflichtwiederholer deutlich zu senken – wenn ihnen derzeit auch noch der Mut fehlt, auf diese sinnlose Übung ganz zu verzichten. Am weitesten hat sich hier das Land Schleswig-Holstein vorgewagt, wo man die Zahl der Sitzenbleiber innerhalb einer Legislaturperiode halbieren möchte. Dazu werden Schulen, die entsprechende Initiativen starten, mit zusätzlichen Lehrerstunden unterstützt. Aber auch anderswo tut sich was: So müssen die Zeugnisse versetzungsgefährdeter Schüler in Nordrhein-Westfalen konkrete Förderempfehlungen enthalten. Und in Bayern gestattet man den betroffenen Schülern sogar ein Vorrücken auf Probe, wenn unter den Problemfächern wenigstens ein Nebenfach ist.

Mutiger als die zuständigen Minister agieren oft die Schulen, die an den Erfolg des Sitzenbleibens schon lange nicht mehr glauben. So lässt die Kölner Martin-Luther-King-Schule alle Schüler in die nächste Jahrgangsstufe aufrücken – auch dann, wenn in ihren Zeugnissen mehrfach ein „Mangelhaft" oder gar ein „Ungenügend" steht. Im Gegenzug müssen die betroffenen Schüler zusätzliche Förderkurse besuchen, um ihre Rückstände aus vergangenen Jahrgängen systematisch aufzuholen. Diese Praxis leuchtet ein, denn oft sind die Leistungsprobleme der Schüler nicht während des aktuellen Schuljahres entstanden; sie haben sich vielmehr in vielen Jahren angesammelt. Das Wiederholen einer einzelnen Klassenstufe würde das eigentliche Problem dieser Schüler deshalb nicht lösen können. In den Förderkursen der Martin-Luther-King-Schule aber werden die Leistungsschwächen der Schüler von Anfang an aufgearbeitet.

Wer an seiner Schule damit beginnen will, die Zahl der Sitzenbleiber zu reduzieren, wird zunächst präventiv vorgehen müssen: So hilft ein **Lernvertrag** den Schülern, sich für das neue Schuljahr realistische Ziele zu setzen und diese regelmäßig zu evaluieren. Ein **Motivationsseminar** kann ihnen helfen, eingeschliffene Einstellungen und Verhaltensweisen zu korrigieren und gleichzeitig ihr beschädigtes Ego zu reparieren. Mit einem Beschluss der Schulkonferenz kann mit dem **Vorrücken auf Probe** auch außerhalb Bayerns Ernst gemacht, können die Modalitäten vor Ort ausgehandelt und in der Schulverfassung festgehalten werden. Durch solche Maßnahmen flankiert, muss die Schule ohne Sitzenbleiber keine abgehobene Utopie bleiben. Auch hier hat an manchen Schulen die Zukunft schon begonnen.

▸ Der Lernvertrag

Deutschlands Schüler sind Spätaufsteher: Oft überhören sie alle Alarmglocken, nur allzu oft wollen sie nicht wahrhaben, wie es um ihre schulischen Leistungen wirklich steht. Die zweite Hälfte des Schuljahres gestaltet sich deshalb für viele Schüler als eine einzige Aufholjagd – die sie in vielen Fällen überhaupt nicht mehr gewinnen können. Aus solchen Spätaufstehern Frühstarter zu machen, sollte deshalb der Ehrgeiz jeder Schule sein. Die gängigen Warnhinweise zu Beginn des Schuljahres werden von den Schülern gerne überhört. Ein Lernvertrag aber vermag zu verhindern, dass sie die wichtigsten Monate des Jahres verbummeln und sich zur Zeit der Zwischenzeugnisse in einem Leistungstief wieder finden.

Das Besondere an diesem Lernvertrag ist, dass es die Schüler sind, die einen solchen Vertrag mit sich selbst aushandeln. Damit wird unterstrichen, dass sie für ihr schulisches Fortkommen ganz alleine verantwortlich sind. Zunächst haben die Schüler dabei die Ziele zu formulieren, die sie im neuen Schuljahr erreichen wollen. Manche würden sich schon glücklich schätzen, wenn sie am Ende des Schuljahres in die nächste Klassenstufe vorrücken dürften. Andere streben einen bestimmten Notendurchschnitt an. In einem weiteren Schritt verpflichten sich die Schüler zu einer Änderung ihres Lernverhaltens und machen diese an ganz konkreten Maßnahmen fest: Sie wollen sich künftig regelmäßig in das Unterrichtsgespräch einbringen, wollen sich bei den Hausaufgaben nicht mehr ablenken lassen und die Vorbereitung auf die nächste Klassenarbeit rechtzeitig beginnen. Solche Selbstverpflichtungen sind zunächst ganz alleine Sache der Schüler. Aber im Rahmen eines solchen Lernvertrages sind auch die Eltern gefordert: Sie nämlich unterstützen die guten Vorsätze ihrer Kinder durch ganz konkrete Hilfen und Belohnungen. Und deshalb wird der Lernvertrag nicht nur von den Schülern, sondern auch von ihren Eltern unterzeichnet.

Der Lernvertrag muss vor den ersten Noten abgeschlossen werden. In der ersten Woche des Schuljahres wäre dafür der günstigste Zeitpunkt. Weil die Schüler aber oft überfordert sind, die richtigen Ziele zu formulieren und sich dafür geeignete Maßnahmen auszudenken, sollte man ihnen entsprechende Formulierungshilfen an die Hand geben. Das gilt auch für die unterstützenden Angebote der Eltern. Der Lernvertrag ist ein ganz besonderes Dokument und sollte deshalb auch auf besonderem Papier gedruckt werden.

Der Lernvertrag sollte jedoch nicht in der Schreibtischschublade verschwinden. Deshalb wird bei Vertragsunterzeichnung der erste Nachsorgetermin vereinbart: Hier geben die Schüler darüber Rechenschaft, wie gewissenhaft sie bisher die im Vertrag niedergelegten Modalitäten erfüllt haben. Naturgemäß wird deshalb weniger nach den Zielen als nach den Maßnahmen gefragt, zu denen sich die Schüler selbst verpflichtet haben. Daraus ergeben sich erste Korrekturen oder Nachbesserungen. Denn ein solcher Lernvertrag ist keine statische Größe, sondern Ausdruck eines Prozesses, in dessen Verlauf sich die Schüler immer mehr ihrer Idealform annähern.

Für die Dauer des neuen Schuljahres schließe ich mit mir selber den folgenden

○ LERNVERTRAG

ab. Denn ich weiß, dass ich selber für meine schulischen Erfolge und Misserfolge verantwortlich bin.

Für das neue Schuljahr habe ich mir vorgenommen:

_____

_____

Um diese Ziele zu erreichen, muss ich mein Lernverhalten ganz darauf ausrichten. Konkret bedeutet dies für mich:

_____

_____

Datum: _____

_____
Unterschrift des Schülers/der Schülerin

Ich habe gelesen, was sich mein Sohn/meine Tochter für das neue Schuljahr vorgenommen hat. Und ich möchte ihm/ihr dabei helfen, diese selbstgesteckten Ziele zu erreichen. Dabei sind mir Lob und Ermutigung wichtiger als Strafe und Tadel. Er/sie kann auf mich rechnen:

Datum: _____

_____
Unterschrift des Vaters/der Mutter

⊙ MUSTERFORMULIERUNGEN FÜR DEN LERNVERTRAG

Für das neue Schuljahr habe ich mir vorgenommen:

▷ Ich will die Klasse erfolgreich absolvieren und am Ende des Schuljahres in die nächste Klassenstufe vorrücken.

▷ Ich will die Klasse diesmal ohne eine 5 oder 6 im Jahreszeugnis abschließen.

▷ Ich will im Jahreszeugnis einen Schnitt von mindestens 2,5 erreichen.

▷ Ich will mich im Verlauf des Schuljahres in den Fächern Deutsch, Englisch und Mathematik um mindestens eine Notenstufe verbessern.

▷ Ich will mich in den Kernfächern nicht verschlechtern und in den Nebenfächern um wenigstens eine Notenstufe verbessern.

▷ Ich will bereits im Zwischenzeugnis ohne eine 5 oder 6 auskommen.

▷ Ich will diesmal wenigstens in einem Kernfach eine 1 erreichen.

▷ Ich will dieses Schuljahr mit einem so guten Zeugnis abschließen, dass ich es mir anschließend zutrauen kann, für ein Jahr als Austauschschüler ins Ausland zu gehen.

▷ Ich will diesmal wenigstens ein Wahlfach/eine Arbeitsgemeinschaft belegen und dieses/diese bis zum Schluss des Schuljahres durchhalten.

▷ Ich will das Schuljahr nutzen, um meine Rückstände im Fach Latein systematisch aufzuholen.

▷ Ich will es schaffen, im neuen Schuljahr ganz ohne Nachhilfestunden auszukommen.

▷ Ich will in den Kopfnoten für „Mitarbeit" und „Verhalten" mindestens eine 2 erreichen.

▷ Ich will mir in diesem Schuljahr keine Strafe wegen Vernachlässigung meiner schulischen Aufgaben einhandeln.

Um diese Ziele zu erreichen, muss ich mein Lernverhalten ganz darauf ausrichten. Konkret bedeutet dies für mich:

▷ Ich werde mich selber motivieren, indem ich mich für meine Anstrengungen selber belohne.

▷ Ich werde mir jeden Morgen fünf Minuten Zeit nehmen, um den neuen Tag genau durchzuplanen.

▷ Ich werde über die Entwicklung meiner Noten sorgfältig Buch führen.

▷ Ich werde mich in jeder Stunde mindestens einmal zu Wort melden.

▷ Ich werde mein mündliches Notenbild durch Referate und durch freiwillige Abfragen verbessern.

▷ Ich werde jeden Tag mindestens 90 Minuten für die Schule arbeiten.

▷ Ich werde mein Hausaufgabenheft so gewissenhaft führen, dass sich Telefonate mit meinen Mitschülern erübrigen.

▷ Ich werde meine Hausaufgaben so organisieren, dass möglichst viel dabei herauskommt.

▷ Ich werde für meine mündlichen Hausaufgaben genauso viel Zeit aufwenden wie für die schriftlichen.

▷ Ich werde ein Drittel meiner häuslichen Arbeitszeit für die Wiederholung des alten Stoffs aufwenden.

▷ Ich werde meinen Arbeitsplatz so organisieren, dass ich alles finde und möglichst wenig abgelenkt bin.

▷ Ich werde mich bei meinen Hausaufgaben durch kein Fernsehen, keinen MP3-Player und durch kein Handy ablenken lassen.

▷ Ich werde die Ferien nutzen, um meine Rückstände in einzelnen Fächern aufzuholen.

▷ Ich werde jede Klassenarbeit einer ausführlichen Fehleranalyse unterziehen.

▷ Ich werde mindestens zehn Tage vor einer Klassenarbeit mit den Vorbereitungen beginnen.

▷ Ich werde mich gemeinsam mit anderen auf die Klassenarbeiten vorbereiten – und mich dabei möglichst wenig ablenken lassen.

Ich habe gelesen, was sich mein Sohn/meine Tochter für das neue Schuljahr vorgenommen hat. Und ich werde ihm/ihr dabei helfen, seine/ihre selbstgesteckten Ziele zu erreichen. Dabei sind mir Lob und Ermutigung wichtiger als Strafe und Tadel. Er/sie kann auf mich rechnen:

▷ Ich werde mit ihm/ihr regelmäßig Arbeitspläne erstellen und überprüfen, ob diese eingehalten werden.

▷ Ich werde dafür sorgen, dass mein Sohn/meine Tochter seine/ihre häuslichen Arbeiten ungestört erledigen kann.

▷ Ich werde mit ihm/ihr lernen, wenn er/sie das ausdrücklich wünscht.

▷ Ich werde seine/ihre Hausaufgaben regelmäßig überprüfen, wenn ihm/ihr das hilft.

▷ Ich werde darüber wachen, dass er/sie trotz aller schulischen Belastungen genügend Freizeit hat.

▷ Ich werde ihn/sie nach einer verunglückten Klassenarbeit wieder aufbauen.

▷ Ich werde ihn/sie dabei unterstützen, sich bei schulischen Erfolgen selbst zu belohnen.

▷ Ich werde ihn/sie dabei unterstützen, nach einer Klassenarbeit die einzelnen Fehler zu analysieren.

▷ Ich werden ihm/ihr für einen begrenzten Zeitraum Nachhilfestunden bezahlen – wenn er/sie das ausdrücklich wünscht.

▷ Ich werde ihm/ihr helfen, in den Ferien bestehende Rückstände aufzuholen.

▷ Ich werde bestimmte Verbote aufheben, wenn er/sie seine/ihre Ziele bereits bis zum Zwischenzeugnis erreicht hat.

▷ Ich werde ihn/sie bei einem guten Zwischenzeugnis von der Auflage entbinden, mir jede Note mitzuteilen.

▷ Ich werde mir jede Woche mindestens eine Stunde Zeit nehmen, um mit ihm/ihr ganz gezielt über die aktuelle schulische Situation zu reden.

▷ Ich werde regelmäßig an den Elternabenden seiner/ihrer Klasse teilnehmen.

▷ Ich werden die Sprechstunden seiner/ihrer Fachlehrer besuchen.

◾ Das Motivationsseminar

Es ist der erklärte Wunsch der Bildungspolitiker, dass sich die Schullandschaft immer mehr an den Prinzipien der Marktwirtschaft orientiert. Der Wettbewerb der Schulen untereinander wird da zu einem zentralen Motiv der pädagogischen Arbeit. Die Schulen konkurrieren miteinander und sie versuchen, sich gegenseitig mit attraktiven Zusatzangeboten und innovativen Projekten zu überbieten. Ein solches Projekt ist das Motivationsseminar, das sich an versetzungsgefährdete Schüler richtet und das ihnen einen Weg aufzeigen soll, das schon abgeschriebene Schuljahr vielleicht doch noch zu retten. „Was tut man an Ihrer Schule eigentlich, um die Zahl der Sitzenbleiber zu senken?" – Bei den Informationsabenden der weiterführenden Schulen hat man sich längst auf solche Fragen eingestellt. Wer hier auf die Tradition eines Motivationsseminars verweisen kann, hat die Eltern fast schon überzeugt. Denn ein solches Motivationsseminar steht für einen Paradigmenwechsel, der das selektiv organisierte Schulwesen grundlegend in Frage stellt.

Lerntechniken für gefährdete Schüler

Ziel des Motivationsseminars ist es, potenziellen Sitzenbleibern aufzuzeigen, wie sie sich aus eigener Kraft doch noch ans rettende Ufer manövrieren können.

Eingeladen sind dazu alle Schüler einer Jahrgangsstufe, deren Vorrücken „gefährdet" oder „sehr gefährdet" ist. Zeitgleich mit den Zwischenzeugnissen erhalten die Eltern der Schüler eine Einladung zum Motivationsseminar. Falls dies zeitlich und finanziell möglich ist, sollte das Seminar außerhalb der Schule – z.B. in einem Tagungshaus – stattfinden. Dorthin können sich die betroffenen Schüler zusammen mit mindestens zwei Lehrkräften zurückziehen; die Lehrkräfte sollten dabei von psychologischen oder sozialpädagogischen Fachkräften unterstützt werden. Das Seminar dauert drei Tage und vermittelt den Schülern einen Überblick über die wichtigsten Lernstrategien und Motivationstechniken. Zum Abschluss des Seminars unterschreiben die Teilnehmer einen Lernvertrag, den sie mit sich selber abgeschlossen haben. Darin verpflichten sie sich auch zur Teilnahme an zwei Nachsorgeterminen, bei denen die Fortschritte und Rückschritte seit der gemeinsamen Zeit im Seminar aufgearbeitet werden.

Sicherlich lernen die Schüler in diesen drei Tagen eine ganze Menge, vielleicht nutzen sie solche Anstöße auch für eine Generalinventur ihres Arbeitsverhaltens. Noch wichtiger aber ist der psychologische Effekt: Die Schüler erleben, dass ihnen die Schule wegen ihren schlechten Noten keine Vorhaltungen macht, sondern ihnen sogar Hilfestellungen anbietet. Wer ein Leistungsproblem hat, muss sich dessen nicht schämen, sondern kann damit künftig offensiv umgehen. Und diese Botschaft kommt bei den Schülern an. Wer die eigene Schule auf seiner Seite weiß, wird motiviert genug sein, um sich mit dem viel zitierten „inneren Schweinehund" anzulegen. Und der ist oft weniger hartnäckig als befürchtet.

6.

> **Beispiel**
>
> *Liebe Eltern,*
>
> *für das schulische Fortkommen Ihres Kindes ist das Zwischenzeugnis völlig unerheblich. Denn seine Funktion erschöpft sich darin, Sie über den aktuellen Leistungsstand Ihres Kindes zu informieren. Deshalb sollte ein unbefriedigendes Zwischenzeugnis für Ihr Kind kein Anlass sein, jetzt die Flinte ins Korn zu werfen und sich vorschnell geschlagen zu geben.*
>
> *Dennoch dürfte das Zwischenzeugnis Ihres Kindes bei Ihnen diesmal einige Besorgnis ausgelöst haben. Schließlich hat Ihr Kind in mindestens zwei Fächern die Note 5 erhalten. Und das bedeutet, dass es bei einem gleichbleibenden Leistungsstand am Ende des Jahres nicht in die nächste Klassenstufe aufrücken dürfte. Sein Vorrücken ist deshalb „sehr gefährdet".*
>
> *Gerade in dieser Situation ist Ihr Kind auf die Unterstützung der Schule angewiesen. Mag es auch oft am nötigen Fleiß oder an der richtigen Arbeitshaltung fehlen – so sind die Schüler in vielen Fällen damit überfordert, effektiv zu lernen und sich selber immer wieder neu zu motivieren. Aufgabe der Schule ist es deshalb, Ihnen beim Gegensteuern zu helfen und sie mit geeigneten Lernstrategien vertraut zu machen.*
>
> *Unsere Schule will Schülern der 9. Jahrgangsstufe, die sich in einer ähnlichen Situation wie Ihr Kind befinden, eine solche Hilfestellung anbieten. Wir wollen ihnen dabei helfen, ihr Notenbild nachhaltig zu verbessern und laden sie deshalb zu einem Motivationsseminar ein, bei dem ihre schulischen*

Defizite aufgearbeitet und erfolgreiche Gegenstrategien eingeübt werden.

Beispiel

Das Seminar wird vom 17. bis 19. Februar in der Jugendtagungsstätte Prackenfels stattfinden. Wir werden am Montag unmittelbar nach Prackenfels fahren und am Mittwoch um 14.17 Uhr wieder im Hauptbahnhof eintreffen. Die Kosten für Fahrt, Unterkunft und Verpflegung werden sich auf 45 Euro belaufen. Da wir in der Jugendtagungsstätte nur eine begrenzte Anzahl von Plätzen gebucht haben, können nur die ersten 15 Anmeldungen berücksichtigt werden.

Schon jetzt dürfen wir Sie darüber hinaus zu einem Elternabend am 24. Februar einladen, in dem wir Sie über den Verlauf und die Ergebnisse dieses Motivationsseminars informieren und mit Ihnen über Ihren Beitrag zu einer angemessenen Unterstützung Ihrer Kinder auf der vor ihnen liegenden Wegstrecke diskutieren wollen.

Wir würden es begrüßen, wenn Sie Ihrem Kind eine Teilnahme an diesem Seminar ermöglichen könnten.

Mit freundlichen Grüßen

Iris Hudert
Beratungslehrerin

Manfred Jelden
Schulpsychologe

Beispiel

▷ GEGENSTEUERN
Ein Motivationsseminar für versetzungsgefährdete Schüler

1. Tag	nachmittags	• Ankunft im Tagungshaus • Meine Stärken, meine Schwächen Rekonstruktion eines Scheiterns
	abends	• Den inneren Schweinehund besiegen Die Kunst der Selbstmotivation
2. Tag	vormittags	• Konzentration ist lernbar Mit einfachen Übungen zu mehr Aufmerksamkeit • Lernen und Behalten Ein Kapitel Lernpsychologie
	nachmittags	• „Klappe auf" statt „Klappe zu" Mit mündlichen Noten zum Erfolg • Organisation ist alles Wie die Hausaufgaben ihren Schrecken verlieren
	abends	• Gut eingeteilt, ist halb gewonnen Zeitmanagement für Schüler
3. Tag	vormittags	• Klassenarbeiten ohne Stress Strategien der Prüfungsvorbereitung • Abschluss eines Lernvertrags • Feedback-Runde zum Seminarverlauf • Abreise

> **Beispiel**
>
> Liebe Kolleginnen, liebe Kollegen,
>
> die Ergebnisse der Notenkonferenzen haben viele von uns nachdenklich gestimmt. Zwar wissen wir, dass sich einige der versetzungsgefährdeten Schüler noch bis zum Ende des Schuljahres werden retten können. Wir wissen aber auch, dass das Prinzip der Pflichtwiederholung zu keiner nachhaltigen Verbesserung des Leistungsstandes führt. Die Autoren der PISA-Studie haben diese Erfahrung noch einmal aus wissenschaftlicher Sicht bestätigt. Aufgabe der Schule kann es in diesem Zusammenhang nicht sein, die Zahl der Pflichtwiederholer durch die Ausgabe von Billigzensuren oder Notengeschenken zu reduzieren. Und doch sind wir in dieser Situation zum Handeln aufgefordert.
>
> Unsere Schule will deshalb in diesem Jahr einen neuen Weg einschlagen: Wir haben die Schüler, deren Vorrücken stark gefährdet ist, unmittelbar nach der Ausgabe der Zwischenzeugnisse zu einem Motivationsseminar eingeladen: Die Arbeit beginnt hier am Montagnachmittag – und damit unmittelbar nach dem Unterricht. Auch die Abende sind für einzelne Seminarbausteine reserviert. Und die Teilnehmer verpflichten sich, an zwei Nachsorgeterminen teilzunehmen.
>
> Wir wollen den Schülern im Rahmen des Seminars helfen, realistische Perspektiven für die zweite Jahreshälfte zu entwickeln, strategischer und effektiver zu lernen und ihre Wissenslücken in einzelnen Fächern aus eigener Kraft zu schließen. Zum Abschluss des Seminars werden die Teilnehmer mit sich selbst einen Lernvertrag abschließen, dessen Erfüllung von ihnen und uns gemeinsam in regelmäßigen Abständen evaluiert wird.
>
> Selbstverständlich werden Sie über den Verlauf und die Ergebnisse dieses Motivationsseminars unterrichtet werden. Uns ist klar, dass sich die Lerndefizite und Leistungsprobleme unserer Schüler durch ein solches Seminar allein noch nicht aus der Welt schaffen lassen. Denn dafür bedarf es über eine punktuelle Motivation hinaus nachhaltiger Anstrengungen. Wir sind uns aber sicher, mit dem geplanten Seminar die Weichen richtig stellen zu können.
>
> Schon jetzt bedanken wir uns für den erfreulichen Zuspruch, den dieses Projekt im Kollegium unserer Schule gefunden hat. Und wir hoffen, die in das Motivationsseminar gesetzten Erwartungen erfüllen zu können.
>
> *Iris Hudert*   *Manfred Jelden*
> gez. Iris Hudert – Beratungslehrerin   gez. Manfred Jelden – Schulpsychologe

➤ Vorrücken auf Probe

Das hat es immer schon gegeben: Ein Schüler darf trotz ungenügender Leistungen in die nächste Klassenstufe vorrücken, weil er für einen längeren Zeitraum krank war oder weil er einen Teil des Schuljahres im Ausland zugebracht hat. Weil ihm seine Lehrer zutrauen, seine Leistungsdefizite im Verlauf der nächsten Klasse abzubauen, machen sie hier eine Ausnahme. Deshalb ist ein solches Vorrücken auf Probe auch im Schulrecht verankert. Die Erfahrung zeigt, dass die betroffenen Schüler mit dieser zusätzlichen Chance oft sehr verantwortungsvoll umgehen: Sie nutzen die großen Ferien, um Anschluss an den Leistungsstand ihrer Klasse zu finden. Sie nutzen die ersten Monate des neuen Schuljahres, um den Stoff des letzten Schuljahres zu wiederholen. Und sie beginnen damit, effektiver und zielgerichteter zu lernen.

Eine letzte Chance für Sitzenbleiber

Lange Zeit war die Möglichkeit eines Vorrückens auf Probe auf wenige Ausnahmen begrenzt. Inzwischen aber haben die zuständigen Kultusministerien dazugelernt: Sie haben den Kreis der Betroffenen erweitert und handhaben das Prinzip der Pflichtwiederholung inzwischen weniger rigide. Vor allem aber gestehen sie den Schulen inzwischen einen größeren Ermessensspielraum zu, wenn es um die heikle Entscheidung zwischen Vorrücken und Pflichtwiederholung geht. Und die Verwaltungsgerichte scheinen diese neuen Freiheiten für die Schulen akzeptiert zu haben.

Damit das Vorrücken auf Probe aber zu keinem willkürlichen Akt wird, bedarf es hier auch auf der Schulebene verbindlicher und transparenter Regelungen. Solche Regelungen können in einem Beschluss der Schulkonferenz festgelegt oder im Rahmen der Schulverfassung dokumentiert werden. Hier muss geregelt sein, in welcher Klassenstufe ein Vorrücken auf Probe möglich ist, welche Schüler dafür in Frage kommen und welches

Gremium über einen entsprechenden Antrag der Eltern entscheidet. Außerdem gilt es, zu klären, über welchen Zeitraum sich die Probezeit erstreckt und wann sie als bestanden gilt. Eine große Hilfe für die betroffenen Schüler wäre es außerdem, wenn sie für die Dauer ihrer Probezeit einen Coach zur Seite gestellt bekämen: Eine Lehrkraft, die ihre Leistungsentwicklung beobachtet und die ihnen dabei hilft, vorhandene Rückstände aufzuholen. Der Coach hält den Kontakt zu Lehrern und Eltern und schreitet ein, falls Probleme auftauchen.

Schüler, die ein Klassenstufe wiederholen müssen, sehen darin in der Regel keine neue Chance: Sie sind unzufrieden, trauern den alten Klassenkameraden nach und vertrauen darauf, dass die Noten im Wiederholungsjahr besser ausfallen. Schüler aber, denen ein Vorrücken auf Probe ermöglicht wird, gehen das neue Schuljahr mit einer ganz anderen Verantwortung und einer ganz anderen Power an. Sie können es sich gar nicht leisten, die vielleicht wichtigsten Monate ihrer Schulzeit einfach in den Wind zu schreiben.

▶ Beschluss der Schulkonferenz des Ricarda-Huch-Gymnasiums:

Schüler der Klassenstufen 7 bis 10, die das Klassenziel nicht erreicht haben, können probeweise in die nächste Jahrgangsstufe vorrücken. Diese Probezeit gilt jeweils für die Dauer eines halben Jahres.

§ 1 Diese Regelung gilt für Schüler, die nicht mehr als zweimal die Note „mangelhaft" oder einmal die Note „ungenügend" im Jahreszeugnis erreicht haben.

§ 2 Ein Vorrücken auf Probe ist nur dann möglich, wenn den betroffenen Schülern zuzutrauen ist, im Verlauf des nächsten Halbjahres den Anschluss an den Leistungsstand ihrer Klasse zu finden.

§ 3 Schüler, die die Klassenstufe bereits wiederholen oder vom Vorrücken auf Probe im Verlauf ihrer Schullaufbahn schon einmal Gebrauch gemacht haben, sind von dieser Regelung ausgeschlossen.

§ 4 Über das Vorrücken auf Probe entscheidet die Lehrerkonferenz mit einfacher Mehrheit auf Antrag der Eltern. Die Schüler oder ihre Eltern können von der Klassenkonferenz zu diesem Antrag gehört werden.

§ 5 Die Möglichkeit eines Vorrückens auf Probe, ohne dass dafür Krankheitsgründe oder andere Belastungsfaktoren geltend gemacht werden könnten, ist ein freiwilliges Angebot des Ricarda-Huch-Gymnasiums. Der Rechtsweg ist deshalb ausgeschlossen.

§ 6 Schüler, die in die nächste Klasse vorrücken, bekommen aus dem Kreis ihrer Fachlehrer einen Coach zugewiesen, der sie bis zum Ablauf der Probezeit begleitet und ihnen dabei hilft, ihre Defizite in einzelnen Fächern abzubauen.

§ 7 Die Klassenkonferenz, die die Zwischenzeugnisse des folgenden Schuljahres beschließt, hat auch darüber zu entscheiden, ob die einem Schüler gewährte Probezeit als bestanden gilt. Bei einer negativen Entscheidung muss das fragliche Schuljahr wiederholt werden.

▶ Protokoll der Lehrerkonferenz der Klasse 8c:

Frau Kurath (Klassenleiterin):
Die Eltern von Dominik Kienlein haben beantragt, dass ihr Sohn auf Probe in die nächste Klasse aufrücken darf. Dominik hat die 8. Klasse nicht wiederholt und er hat von der Möglichkeit eines Vorrückens auf Probe bisher nicht Gebrauch gemacht. Formal gesehen spricht also nichts gegen den Antrag der Eltern. Dominiks Mutter hat darum gebeten, uns den Fall ihres Sohnes vorzutragen und ihren Antrag zu begründen.

Frau Kienlein (Mutter von Dominik):
Dominik hatte schon in der letzten Klasse große Probleme in Latein und Mathe. Und in der 8. Klasse haben ihn diese Probleme wieder eingeholt. Offensichtlich hat er lange Zeit nicht gewusst, wie man eigentlich lernt. Inzwischen aber scheint hier der Knoten geplatzt zu sein. Das hat sicher auch mit dem Motivationsseminar zu tun, von dem Dominik begeistert zurückkam. Seitdem hat sich sein Lernverhalten sichtbar verändert – und auch die Noten haben sich zum Ende des Schuljahres hin deutlich verbessert. Aber leider hat es nicht gereicht, um die schlechten Leistungen im ersten Halbjahr ungeschehen zu machen.

Frau Kurath:
Vielen Dank, Frau Kienlein. Wir dürfen uns deshalb von Ihnen jetzt verabschieden. Morgen können Sie erfahren, wie diese Konferenz in Ihrem Fall entschieden hat.

Herr Schatzschneider:
Bei mir hat Dominik nur eine 5 erreicht. Ich habe aber den Eindruck, dass seine Mutter die Sachlage ganz richtig sieht: Hat Dominik in den ersten Klassenarbeiten jeweils die Note 6 eingefahren, so hat er sich in der letzten Arbeit auf eine 3 verbessert. Das Bild vom Knoten, der während des Schuljahres geplatzt ist, scheint also zu stimmen.

Frau Knöfel:
Dem würde ich gerne zustimmen, kann es aber nicht. Zwar hat Dominik auch in meinem Fach kräftig aufgeholt. Aber ich unterrichte die Klasse jetzt im dritten Jahr im Fach Mathematik. Und jedes Mal hat uns Dominik

mit seinen gefürchteten Aufholjagden in Atem gehalten. Auch andere Schüler gefallen sich in der Rolle des Grenzgängers und beginnen erst dann mit dem Arbeiten, wenn es fast schon zu spät ist. Ich halte es nicht für ratsam, hier einen Präzedenzfall zu schaffen und dieses Grenzgängertum auch noch zu honorieren.

Frau Kurath:
Frau Hertlein-Würth, Sie haben das Motivationsseminar geleitet, an dem Dominik teilgenommen hat. Was ist Ihr Eindruck?

Frau Hertlein-Würth:
Dominik hatte bisher die Auflage, täglich mindestens drei Stunden für die Schule zu arbeiten. So jedenfalls wollten es seine Eltern. In Wirklichkeit aber hat Dominik diese Zeit fast nur vertrödelt – sodass sich der erwünschte Lernerfolg nicht einstellte. Während des Motivationsseminars haben wir mit Dominik einen Lernplan ausgearbeitet, um die häusliche Arbeit endlich effektiver zu gestalten. Und in einem langen Gespräch
nach dem Seminar haben wir dann auch seine Eltern von diesem Prinzip zu überzeugen versucht. Das scheint gefruchtet zu haben.

Herr Krömpert:
In Deutsch hat sich diese Veränderung des Arbeitsverhaltens schnell bemerkbar gemacht: Dominik hat seitdem immer seine Hausaufgaben gemacht und seine Übungsaufsätze verraten, dass er sich wirklich Mühe gegeben hat.

Frau Haager:
Als Religionslehrerin habe ich von Dominiks Leistungsproblemen nur am Rande etwas mitbekommen. Ich frage mich aber: Was vergeben wir uns eigentlich, wenn wir ihn diesmal auf Probe vorrücken lassen?! Sollte er sich wirklich als ein solcher Grenzgänger entpuppen wie befürchtet – dann wird er an der Probezeit scheitern und zum Zwischenzeugnis in die 8. Klasse absteigen müssen. Unser Risiko hält sich also denkbar gering.

Frau Kurath:
Ich sehe keine weiteren Wortmeldungen. Wir können also über den Antrag von Dominiks Eltern abstimmen. Wer ist also dafür, dass Dominik auf Probe vorrücken darf? – Das sind acht Stimmen. Und wer ist dagegen? – Das ist mit zwei Stimmen eine deutliche Minderheit. Ich danke Ihnen.

7. Jungen- und Mädchenpädagogik

In der Statistik erscheint die Schulbildung als eine Domäne der Frauen: An den Grundschulen stellen sie 85 % der Lehrkräfte und auch an den Realschulen sind sie mit einem Anteil von 61 % in der Mehrheit. Die Mädchen haben von dieser Form weiblicher Überlegenheit aber lange Zeit nicht viel gehabt. Denn bis in die 70er Jahre hinein stellten sie eine Risikogruppe dar, der der schulische Aufstieg besonders schwergemacht wurde. Statistisch gesehen haben die Mädchen seitdem kräftig aufgeholt: Während 11,5 % der Jungen die Schule ohne einen Abschluss verlassen, sind das bei den Mädchen nur 6,7 %. An den Sonderschulen sind die Jungen mit einem 2/3-Anteil deutlich überrepräsentiert und auch unter den Schülern, die das Klassenziel nicht erreichen, stellen sie eine Mehrheit. Demgegenüber haben die Mädchen beim Abitur die Nase vorn: Ihr Anteil liegt hier bereits deutlich über dem der Jungen. Und auch an den Hochschulen haben die Mädchen kräftig zugelegt. Manche sehen angesichts solcher Zahlen keine Notwendigkeit mehr für eine gezielte **Mädchenförderung** an unseren Schulen und wenden sich stattdessen den Jungen als den neuen Benachteiligten des Bildungssystems zu. Dieser Perspektivenwechsel verdrängt, dass die Mädchen an unseren Schulen in mancher Hinsicht immer noch benachteiligt sind: In den naturwissenschaftlichen und technischen Fächern lassen sie sich von den Jungen oft ins Abseits drängen. Empirische Studien belegen, dass die Aufmerksamkeit der Lehrkräfte nur zu einem Drittel den Mädchen gilt und die Jungen auch hier einen Löwenanteil für sich beanspruchen. Und in manchem Schulbuch werden die Frauen immer noch als genügsame Familientiere vorgeführt, die im Alltag das Feld den Männern zu überlassen haben.

So beschreibt ein Schulbuch zum Erdkundeunterricht aus dem Jahr 2003, was Väter und Mütter bei einem Besuch der Innenstadt so alles erledigen: Die Mutter kauft Lebensmittel ein, besucht den Hautarzt, schaut sich nach neuen Polstern um und geht bummeln. Der Vater bringt seine Kamera zur Reparatur, erkundigt sich im Rathaus nach dem Stand des Bauplans und den Terminen der Müllabfuhr und kann sich sogar noch einen kleinen Imbiss leisten.

Die Bevorzugung der Jungen in unseren Klassenzimmern hat diesen aber weder bessere Noten noch bessere Abschlüsse beschert. Die Ergebnisse der

Jungen- und Mädchenpädagogik

PISA-Studie belegen, dass die Jungen teilweise meilenweit hinter den Leistungen ihrer Mitschülerinnen zurückbleiben:
So landen 12,6 % der deutschen Jungen beim Lesen in der untersten Kompetenzstufe, während es bei den Mädchen nur 6,8 % sind. Umgekehrt erreichen 11,1 % der Mädchen die höchste Kompetenzstufe, während hier die Jungen mit einem Anteil von nur 6,7 % vertreten sind.

Gespräche im internen Kreis

Die PISA-Studie stellt ein solches Leistungsgefälle fest, nennt aber keine Ursachen für das schlechte Abschneiden der Jungen. Manche beschreiben in diesem Zusammenhang die Schule als einen von Frauen dominierten Raum, dem es an konkreten Rollenvorbildern für die Jungen ermangele. Andere nennen den extensiven Medienkonsum vieler Jungen als auslösenden Faktor, der sie der Kultur schulischen Lernens immer mehr entfremde. Wiederum andere attestieren den Jungen einen genetischen Mangel, durch den ihre Karriere als Schulversager biologisch vorprogrammiert sei. Wo aber die Ursachenforschung im Nebel stochert, kann auch die Pädagogik nur unzulänglich reagieren. Manche zum Beispiel rufen nach methodischen Konsequenzen: Sie empfehlen den Lehrkräften, ihren Unterricht stärker auf das Modell des Wettbewerbs hin auszurichten oder Elemente des praktischen Lernens in den schulischen Alltag zu integrieren. Andere fordern eine sozialpädagogische Begleitung der Jungen: Diese dürften bei der Ausbildung ihrer männlichen Identität nicht länger auf sich gestellt sein und hätten zu lernen, mit Erfolg und Misserfolg konstruktiver umzugehen.

Die Bildungspolitik scheint sich inzwischen aus der Debatte um eine gezielte **Mädchen- bzw. Jungenförderung** völlig zurückgezogen zu haben. Auch hier beruft man sich darauf, dass den Schulen inzwischen mehr Freiheiten zugestanden worden seien. Diese Freiräume sollten sie nun nutzen, um die Benachteiligung von Mädchen oder Jungen mit pädagogischer Fantasie anzugehen.

7.

Aufgabe der Politik wäre es demgegenüber, ○ ○ ○

- ○ ○ ○ den pädagogischen Umgang mit Mädchen und Jungen zu einem Schwerpunkt der Lehrerausbildung zu machen.
- ○ ○ ○ an allen Schulen Gleichstellungsbeauftragte einzusetzen.
- ○ ○ ○ in den Lehrplänen mädchen- bzw. jungenspezifische Themen auszuweisen und damit die Voraussetzung für einen Unterricht in geschlechtshomogenen Lerngruppen zu schaffen.
- ○ ○ ○ die Schulbücher und Lernmaterialien auf falsche Rollenklischees hin zu durchforsten und hier die teilweise längst geltenden Zulassungskriterien endlich anzuwenden.

An den Schulen selbst aber kann schon jetzt damit begonnen werden, die unterschiedlichen Interessen von Mädchen und Jungen pädagogisch aufzugreifen und dafür geeignete Formen zu finden. Im koedukativ geführten Klassenverband kann dies nur begrenzt gelingen. Deshalb setzt eine gezielte Mädchen- bzw. Jungenförderung wenigstens eine zeitweilige Trennung nach Geschlechtern voraus. Die Einrichtung eines **Mädchen- oder Jungencafés** zeigt, dass dies keines besonderen Aufwands bedarf. Aber auch eine **Klassentrennung auf Zeit** lässt sich organisieren, wenn dafür zu Beginn des Schuljahres die notwendigen Vorkehrungen getroffen worden sind. Darüber darf aber nicht vergessen werden, dass die Arbeit an falschen Rollenbildern nach wie vor eine Aufgabe der Schule ist – wie die Einführung eines **Haushaltsdiploms** beweist.

▶ Jungen- und Mädchencafé

Es macht Sinn, wenn Jungen und Mädchen heute gemeinsam unterrichtet werden. Und doch gibt es eine ganze Reihe von Themen, bei denen man lieber unter sich bliebe: Den meisten Mädchen wäre es peinlich, ihre Probleme mit unreiner Haut oder mit einer unvorteilhaften Figur vor einer Kulisse feixender Jungen ausbreiten zu müssen. Und auch mancher Junge würde sich lieber die Lippe abbeißen, als sich vor der ganzen Klasse zu seinem Heimweh oder zu seinen Versagensängsten zu bekennen. Deshalb hat es sich bewährt, die Mädchen und die Jungen einer Klasse für die Dauer einer Stunde zu trennen und das Gespräch mit ihnen in dieser ungewohnten Konstellation zu suchen.

Als äußerer Rahmen eines solchen Gesprächs bietet sich ein Jungen- bzw. Mädchencafé an: In der ersten Stunde bleibt der jeweils andere Klassenteil zu Hause – und nach einer Woche wird gewechselt. Schon vom äußeren Rahmen her sollte bei solchen Treffen nichts an die Routinesituation des Unterrichtsalltags erinnern. Das beginnt damit, dass die Teilnehmer jeweils eine persönliche Einladung erhalten und dass darin bereits das Thema dieses Gesprächstermins genannt wird. Die Besucher des Jungen- bzw. Mädchencafés nehmen an einer großen Tafel Platz. Ruhige Musik empfängt die Besucher, auf den Tischen liegen Tischkarten und Servietten aus und überall duftet es nach Kräutertee oder nach Kakao. Nach einer kurzen Einstimmung geht es dann aber zur Sache: Die Jungen oder Mädchen tauschen sich über ein Thema aus, das ihnen schon lange auf den Nägeln brennt und das sie lieber erst einmal intern diskutieren möchten. So kann es den Mädchen darum gehen, die Cliquenbildung im eigenen Lager anzusprechen. Und die Jungen werden sich vielleicht mit ihrer angeblichen Benachteiligung durch die Lehrer beschäftigen wollen. Erfahrungsgemäß **ist dabei den Mädchen vor allem der gegenseitige Austausch wichtig;** sie gehen ein solches Gespräch lieber ergebnisoffen an. **Den Jungen hilft es demgegenüber, wenn ihnen eine verbindliche Gesprächsmethode vorgegeben wird** und **wenn sie am Schluss mit einem ganz konkreten Ergebnis rechnen können.** Nur ein solches Ergebnis wird auch dem anderen Klassenteil mitgeteilt; über den Gesprächsverlauf selbst aber wird Stillschweigen vereinbart. In der Regel ist es der Klassenlehrer, der zu einem solchen Jungen- oder Mädchencafé einlädt und der das Gespräch moderiert. Noch günstiger wäre es freilich, wenn jeweils auch eine Lehrkraft des anderen Geschlechts hinzugezogen würde.

Darüber hinaus kann in einer Klasse eine Situation entstehen, die mit einer einstündigen Gesprächsrunde nicht zu befrieden ist. Hier bietet es sich an, die Klasse für einen ganzen Tag vom Unterricht zu befreien und ihnen einen „Jungen-" bzw. „Mädchentag" anzubieten. Dazu allerdings bedürfen die beteiligten Lehrkräfte professioneller Hilfe. Denn auf die komplexe Problematik der Jungen- und Mädchenpädagogik hat sie niemand vorbereitet.

Beispiel

⏵ AUS MEINEM UNTERRICHTSTAGEBUCH

Mittwoch, 1. Stunde: MÄDCHENCAFÉ

Die robusten Tische sind zu einer großen Tafel zusammengestellt, Kerzen und Papierservietten verbreiten eine gemütliche Stimmung und aus den Bechern dampft heißer Kakao. – Wie immer, wenn die Mädchen unter sich sind, ist für eine heimelige Atmosphäre gesorgt. Und dieses Mädchencafé erinnert vom Äußeren her wirklich an ein Café. Dabei haben wir uns heute nicht zum Klönen und Tratschen getroffen, dabei soll dieses Mädchencafé ganz ohne den üblichen Kaffeeklatsch auskommen. Denn wir haben uns heute etwas viel Wichtigeres vorgenommen: Wir wollen ein Experiment auswerten, das uns in den letzten 14 Tagen mehr beschäftigt hat als so manches Stundenthema und so manche Klassenarbeit. In dieser Zeit haben wir nämlich eine neue Sitzordnung eingeführt – eine Sitzordnung, die anfangs noch sehr gewöhnungsbedürftig war. Nach dem neuen Reglement musste nämlich jeweils ein Junge neben einem Mädchen sitzen. Heute sollen die Mädchen berichten, wie sie mit ihren nach dem Zufallsprinzip ausgelosten Banknachbarn zurechtgekommen sind und welche Schlüsse wir daraus für die Zukunft ziehen wollen.

Noch bevor die Diskussion beginnt, müssen wir erst einmal Jörg und Nico verscheuchen. Die beiden haben angeblich vergessen, dass für sie heute die erste Stunde ausfällt. Aber in Wirklichkeit wollen sie natürlich nur herausbekommen, was die Mädchen so ganz ohne sie treiben. Dabei findet heute nicht die befürchtete Abrechnung statt, sondern eine sehr ernsthafte Auseinandersetzung über die Erfahrungen mit der neuen Sitzordnung. Übereinstimmend berichten die Mädchen, dass sie die Jungen von zwei Seiten kennen gelernt haben: Als Banknachbarn waren sie aufgeschlossen und hilfsbereit, oft sogar ausgesprochen höflich. Und deshalb haben es die Mädchen auch nicht als Strafe empfunden, neben einem Jungen sitzen zu müssen. Sobald sich ihren neuen Banknachbarn aber die Chance bot, sich innerhalb der Klasse zu produzieren, waren sie plötzlich wie verwandelt: Sie störten den Unterricht mit lautstarken Kommentaren oder mit akrobatischen Einlagen, sie unterhielten sich lautstark mit ihren Freunden und brachten die Lehrer mit kleineren Show-Einlagen gegen sich auf. Es ist also eine eher gemischte Bilanz, die die Mädchen nach diesem Experiment ziehen. Noch wichtiger aber sind mir die Konsequenzen, zu denen mir die Mädchen raten: Ich soll den Schülern häufiger Gelegenheit geben, sich ein Thema in Gruppenarbeit zu erarbeiten – damit die Teamfähigkeit der Jungen besser zum Tragen kommt. Und ich soll mir etwas einfallen lassen, wie sich die Jungen vor der Klasse produzieren können – ohne dass der Unterricht darunter leidet. Mehr noch als solche Ratschläge aber beeindruckt mich die Diskussionskultur der Mädchen. Auch ohne eine starre Rednerliste gelingt es ihnen, den anderen zuzuhören und sie ausreden zu lassen. Und deshalb beteiligen sich an diesem Gespräch auch solche Mädchen, die im Unterricht noch nie zu Wort gekommen sind. Schon deshalb hat sich dieses Mädchencafé gelohnt.

Beispiel

Mittwoch, 1. Stunde: JUNGENCAFÉ

Es ist dies die erste Stunde eines langen Schultages. Aber mit dampfendem Kakao oder leckeren Schokocroissants wären die Jungen an diesem Morgen nicht zufrieden zu stellen. Stattdessen haben sie ein paar Flaschen Cola und viele Tüten Chips eingekauft – so wie sie sich eben ein richtiges Männerfrühstück vorstellen. Heute sind die Jungen einmal ganz unter sich und keiner von ihnen hat Anlass, sich vor den Mädchen der Klasse produzieren zu müssen. Trotzdem gerät der Beginn dieses Jungencafés zu einem einzigen Chaos: Die Jungen überbieten sich damit, die Chipstüten zum Zerplatzen zu bringen und jedem Schluck aus der Colaflasche einen Rülpser folgen zu lassen. Ich sehe dem Treiben zehn Minuten lang zu und lasse dann die Tische abräumen – dazu ist mir das Gespräch mit den Jungen meiner Klasse viel zu wichtig. An ein Café erinnert hier eigentlich nichts mehr.

Wir müssen heute miteinander reden, weil sich die Mädchen der Klasse beschwert haben: Nach ihrer Beobachtung überbieten sich die Jungen derzeit damit, andere mit Schimpfwörtern und Kraftausdrücken einzuschüchtern. Nach dem Eindruck der Mädchen grenzt das Verhalten ihrer Mitschüler bereits an verbale Gewalt. Natürlich gibt es zu diesem Thema auch bei den Jungen Gesprächsbedarf, aber ich muss dafür sorgen, dass dieser Diskurs

> **Beispiel**
>
> nicht in einem allgemeinen Brüllen und Kichern untergeht. Deshalb habe ich mir einige Methoden ausgedacht, mit denen sich die Diskussion strukturieren und die Aufgedrehtheit der Jungen zurückfahren lässt. So bekommt jeder Schüler fünf Karteikarten ausgeteilt, auf denen sich jeweils ein Kraftausdruck befindet. Die Jungen müssen diese Karteikarten drei verschiedenen Kategorien zuordnen: „Ist eigentlich harmlos", „Ist ein Grenzfall", „Tut richtig weh". Mit einem Mal ist die anfängliche Aufgedrehtheit der Junge wie verflogen. Mit großem Ernst gehen sie ans Werk und mit großem Engagement diskutieren wir die einzelnen Grenzfälle durch. Wo sich die Mädchen auf ein offenes Gespräch einlassen konnten, brauchen diese Jungen offensichtlich einen festen Rahmen, um die gute Absicht nicht im allgemeinen Chaos untergehen zu lassen.
>
> Am Ende des Jungencafés steht deshalb auch nicht das beruhigende Gefühl, sich wieder einmal ausgesprochen zu haben. Die Jungen der Klasse wollen konkrete Ergebnisse sehen, wollen auch nach diesem Café „etwas in der Hand haben". Wir beschließen, eine „Tabu-Box" einzurichten: Wer sich von einem Mitschüler verbal angegriffen oder herabgesetzt fühlt, notiert die fragliche Formulierung auf einen Zettel und wirft diesen in die „Tabu-Box". In der letzten Stunde einer Schulwoche werden die gesammelten Ausdrücke vorgelesen – und sind damit für alle Schüler „tabu". Diese Stunde hat damit ein Ergebnis, das man sehen und anfassen kann – und damit scheinen alle Jungen zufrieden.

▶ Das Haushaltsdiplom

Zur Jungenförderung gehört auch die kritische Auseinandersetzung mit unterschiedlichen Rollenangeboten. Schon jetzt verhalten sich viele von ihnen so, als gingen sie Haushalt und Familie nichts an. Die Schule hat nicht den Auftrag, den Jungen ein bestimmtes Rollenbild aufzudrängen. Aber sie hat die Aufgabe, ihnen wenigstens ein Angebot zu machen: Sie sollen die Chance haben, sich einmal in einer ganz anderen Rolle zu erleben und ihr eigenes Rollenverständnis immer wieder in Frage zu stellen. Diesem Ziel dient das Haushaltsdiplom, das den Jungen einen solchen **Rollenwechsel** abverlangt: Dazu bekommen sie einen Pass ausgehändigt, in den sie ein Foto von sich kleben und in dem sie sich mit ihrer Unterschrift verewigen. Der Pass enthält 16 Tätigkeiten, die die ganze Bandbreite der Hausarbeit abdecken. Immer, wenn ein Junge eine solche Tätigkeit erbracht hat, lässt er sich dies von seiner Mutter, von seinem Vater oder von den Großeltern durch Unterschrift bestätigen. Dazu haben die Jungen vier Wochen Zeit. Haben sie bis dahin alle Aufgaben erfüllt, haben sie Anspruch auf eine entsprechende Diplomurkunde.

Die Jungen sind durch ein solches Projekt mehr zu beeindrucken als durch jede noch so gut gemeinte Überzeugungsarbeit. Denn dass sie hier selber Hand anzulegen haben, kommt ihrem Bedürfnis nach praktischer Arbeit und konkreten Ergebnissen sehr entgegen. Hier können sie zupacken, ohne sich lange Vorträge anhören zu müssen. Außerdem demonstriert ihnen dieses Projekt, dass der Haushalt noch nie reine Frauensache war. Auch im Rahmen einer klassischen Rollenverteilung gab es hier für die Männer eine Menge zu tun – von der Pflege des Gartens bis zur Reparatur einer defekten Dichtung. Diesmal soll es allerdings der ganze Haushalt sein! Selbstverständlich ließe sich ein ähnliches Projekt auch für die Mädchen der Klasse entwickeln. Auch sie haben Anspruch auf alternative Rollenangebote. Deshalb könnten sie zum Beispiel zeitgleich mit den Jungen ein „Handwerkerinnendiplom" ablegen. Hier ginge es dann darum, mit der Bohrmaschine zu arbeiten, eine Tür mit dem Dietrich zu öffnen oder einen Videorekorder zu programmieren. Denn auch den Mädchen tut es gut, einmal aus der Rolle zu fallen.

Beispiel

Reine Männersache.
HAUSHALTSDIPLOM

Ich habe einen Defekt im Haushalt eigenständig behoben.	Ich habe einen Knopf angenäht, ohne mir dabei helfen zu lassen.
Ich habe für meine Familie eingekauft und dabei alle Schnäppchen ausgenutzt.	Ich habe mich eine Woche lang ganz allein um ein Haustier gekümmert.
Ich habe meine Klamotten selber gewaschen.	Ich habe altes Gerümpel aus dem Keller fachmännisch entsorgt.
Ich habe einen Dübel in die Wand versenkt.	Ich habe meiner Mutter einen unangenehmen Gang abgenommen.
Ich habe mein Lieblingshemd eigenhändig gebügelt.	Ich habe unser Bad und unsere Toilette geputzt.
Ich habe mich eine Woche um unsere Zimmerpflanzen gekümmert.	Ich habe ohne fremde Hilfe einen Kuchen gebacken.
Ich habe an einem Tag den Abwasch für die ganze Familie übernommen.	Ich habe eine Glühbirne ausgewechselt.
Ich habe vor unserem Haus den Schnee weggeräumt.	Ich habe für ein Geburtstagskind den Frühstückstisch gedeckt.

Bitte Passbild einkleben

....
(Unterschrift)

Jungen- und Mädchenpädagogik

Beispiel

Liebe Eltern der Klasse 7b,

sicherlich hat Ihr Sohn Ihnen eine Menge von unserer Nacht in der ländlichen Einöde erzählt.

Eher beiläufig wird in den Erzählungen Ihres Sohnes auch von dem Selbstversorgerhaus die Rede gewesen sein, in dem wir während dieser langen Nacht untergebracht waren. Und die häuslichen Dienste, zu denen auch er eingeteilt war, dürften in seinem Bericht erst recht keine Rolle gespielt haben. Genau da aber beginnt das Problem: Die Jungen waren während dieser Nacht nämlich nur schwerlich zu motivieren, sich am Tischdecken, Kochen und Putzen zu beteiligen. „Das ist doch Frauensache!", wurde uns von ihnen entgegengehalten. Und wenn es nach den Jungen gegangen wäre, dann wäre die Hausarbeit bei den Mädchen hängen geblieben. Die Jungen der 7b präsentierten sich während unserer gemeinsamen Nacht im Selbstversorgerhaus als begeisterungsfähige Draufgänger – aber auch als unerschütterliche „Chauvis", die die ihnen aufgetragenen Dienste allenfalls widerwillig und unzuverlässig absolvierten.

Dieser Rückfall in ein völlig überholtes Rollenklischee macht mir Sorge. Ich möchte ihrem Sohn deshalb dabei helfen, die Hausarbeit als etwas ganz Selbstverständliches zu akzeptieren. Und ich möchte ihm vermitteln, dass seine Männlichkeit durch eine Mitarbeit im Haushalt keinen Schaden nehmen muss. Deshalb habe ich ein Projekt gestartet, bei dem sich die Jungen einmal in einer für sie ganz ungewohnten Rolle bewähren können: Das Haushaltsdiplom. Dazu habe ich Ihnen 16 Tätigkeiten vorgegeben, in denen sie sich innerhalb der nächsten vier Wochen wenigstens einmal beweisen müssen. Bewusst habe ich es dabei nicht beim Kochen, Putzen und Waschen belassen. Denn auch das Einkaufen oder kleinere Reparaturen gehören für mich zur Hausarbeit. Jede Aufgabe gilt als erledigt, wenn sie ein Erwachsener durch seine Unterschrift bestätigt. Hier sind Sie als Eltern gefordert. Und ich darf Sie bitten, die Anstrengungen Ihres Sohnes als genaue, aber auch gerechte Schiedsrichter zu unterstützen.

Nach vier Wochen sollen die Ergebnisse dieses Experiments im Rahmen eines Jungencafés aufgearbeitet werden. Hier wird es vor allem darum gehen, wie sich das Rollenbild der Jungen durch ihre Mitarbeit im Haushalt verändert hat und welche Folgerungen daraus für die Zukunft zu ziehen sind.

Mit freundlichen Grüßen

▶ Klassentrennung auf Zeit

Jungen und Mädchen getrennt zu unterrichten – das war in der deutschen Schulgeschichte lange Zeit gängige Praxis. Und die Bildungsreform der 70er Jahre kann es sich als Verdienst anrechnen lassen, diese fragwürdige Tradition überwunden zu haben. Erst relativ spät wurden vor allem die Lehrerinnen darauf aufmerksam, dass mit der Einführung einer flächendeckenden Koedukation auch manche Defizite und Fehlentwicklungen sichtbar wurden. So sind viele Mädchen der männlichen Konkurrenz nicht gewachsen, wenn es eine Aufgabe mit Hilfe des Computers zu lösen gilt. Und manche Jungen fürchten die Häme ihrer Mitschülerinnen, wenn sie einen Text vorlesen sollen und sich dabei in den unübersichtlichen Buchstabenkolonnen verheddern. Niemand käme auf den Gedanken, deshalb dem Prinzip der Koedukation abschwören zu wollen oder gar die Rückkehr zu den Jungen- und Mädchenschulen des Kaiserreichs zu fordern. Stattdessen lässt sich an fast jeder Schule eine Klassentrennung auf Zeit durchsetzen.

Unter sich bleiben beim Lernen

Eine solche Klassentrennung auf Zeit lässt sich am ehesten im Verbund von zwei Schulklassen umsetzen. Voraussetzung ist, dass der Unterricht in diesem Fach in beiden Klassen zeitgleich stattfindet. Deshalb muss die Klassentrennung auf Zeit bereits vor Beginn eines Schuljahres vereinbart und im Stundenplan abgesichert werden. Außerdem muss gewährleistet sein, dass eine der beiden Klassen von einer Kollegin und die andere von einem Kollegen unterrichtet wird. Für einen Zeitraum von vier bis acht Wochen werden die bestehenden Klassen in einem Fach aufgelöst und die Schüler auf eine Jungen- und auf eine Mädchenklasse aufgeteilt. Das erfordert einen gewissen Aufwand, wird sich aber schon innerhalb weniger Schulstunden eingespielt haben.

Eine solche Klassentrennung macht nur in solchen Fächern Sinn, in denen Mädchen bzw. Jungen tatsächlich mit Nachteilen zu rechnen haben. Für die Mädchen können das Fächer wie Mathematik, Physik, Chemie oder Informatik sein. Die Jungen können von einer Klassentrennung in Deutsch oder in einer modernen Fremdsprache profitieren.

Zunächst wird die Klassentrennung zu einer Entspannung des Unterrichtsklimas führen. Denn jenseits der Geschlechterkonkurrenz muss kein Mädchen mehr fürchten, sich von einem vorlauten Jungen abdrängen lassen zu müssen – brauchen aber auch die Jungen keine Angst mehr davor zu haben, sich vor den Mädchen der Klasse zu blamieren. Darüber hinaus können jetzt Unterrichtsinhalte angeboten werden, die auf die spezifischen Interessen der Mädchen bzw. Jungen zugeschnitten sind. So wird der Informatikunterricht in einer reinen Mädchenklasse eher anwendungsorientiert ausgerichtet sein – so wie man das von „Computerkursen für Frauen" gewohnt ist. Und im Deutschunterricht für Jungen werden keine Leseerlebnisse mehr vorausgesetzt, die die Schüler heute ohnehin nicht mehr einzubringen bereit sind.

7.

Zeit-umfang	Deutsch für Mädchen		Deutsch für Jungen	
2 Std.	Mein Lieblingsbuch	Die Mädchen tauschen sich über ihre literarischen Favoriten aus. Und sie gehen der Frage nach: Was macht eigentlich ein gutes Buch aus?	Lesen mit Fun	Vom Comic bis zum Sachbuch – hier geht es um alles, was Jungen gerne lesen. Und es geht um die Frage: Was hat ein Buch der Konkurrenz voraus?
3 Std.	Nesthäkchen, Trotzkopf und Co.	Die Schülerinnen informieren sich über die Bücher, die ihre Großmütter im Mädchenalter besonders gerne gelesen haben.	Robinson, Lederstrumpf und Co.	Im Mittelpunkt stehen die Klassiker der Jungenliteratur. Können moderne Jungen mit diesen Stoffen und mit diesen Helden überhaupt noch etwas anfangen?
5 Std.	Klassenlektüre	Gegenstand der Klassenlektüre ist ein Junge an der Schwelle zum Erwachsenwerden. Und die Schülerinnen fragen sich: Wie geht es eigentlich einem Jungen in der Pubertät?	Klassenlektüre	Wie Mädchen mit dem Erwachsenwerden klarkommen und zwischen welchen Frauenbildern sie in der Pubertät zu wählen haben – das ist das Thema der Klassenlektüre für die Jungen.

Beispiel

5 Std.	Wir schreiben eine Buchkritik	In die Unterrichtseinheit ist eine Klassenarbeit integriert, bei der die Mädchen eine Buchkritik abzufassen haben – hier ist ihre Meinung gefragt!	Wir schreiben einen Klappentext	Für die Klassenarbeit haben die Jungen einen Klappentext abzufassen, mit dem potentielle Käufer gewonnen werden sollen.
3 Std.	„Schneller lesen in 100 Minuten"	Die Schülerinnen trainieren Techniken, mit denen sie ihr Lesetempo verbessern – und trotzdem mehr behalten.	„Vorlesen will gelernt sein!"	In einem Kurs machen sich die Jungen mit den Techniken und Tricks eines guten Vorlesers vertraut – ohne von den Mädchen belächelt zu werden.
2 Std.	Gespräch mit Kinderbuchautorin	Die Mädchen laden eine Kinderbuchautorin aus dem Heimatraum zu einem Werkstattgespräch ein.	Rallye in der Stadtbücherei	Über die unterschiedlichen Stationen einer Rallye machen sich die Schüler mit dem Aufbau und dem Angebot ihrer Stadtbücherei vertraut.

Beispiel

7.

Beispiel

2 Std.	Realität und Fiktion	Hier beschäftigen sich die Mädchen mit der Biografie einer Frau, die sich in einer Männerwelt durchsetzen musste – im Leben und in der Literatur. Wie groß sind dabei die Abweichungen?	Realität und Fiktion	Die Jungen untersuchen die Biografie eines Mannes, auf den keines der klassischen Männerklischees zutrifft – im Leben und in der Literatur. Wie groß sind dabei die Abweichungen?
	Lange Lesenacht	Die Mädchen verbringen eine ganze Nacht im Schulhaus – weniger um zu schlafen als um zu lesen, lesen, lesen.	Leselager	Die Jungen ziehen sich für eine Nacht auf einen Zeltplatz zurück. Und hier dreht sich alles um das Lesen – von der Lese-Rallye bis zum Vorlese-Marathon.

8. Schuldemokratie

Mit zwei großen Reformprojekten hat die Generation der 68er Bildungsgeschichte geschrieben: Es waren die 68er, die mehr Chancengleichheit forderten, um auch den Kindern aus bildungsfernen Schichten gesellschaftliche Teilhabe zu ermöglichen. Und es waren die 68er, die das Leitbild einer demokratischen Schule in den öffentlichen Diskurs einbrachten. Erst als sich aber auch die Politik solcher Anliegen annahm, wurden aus den Parolen einer kurzlebigen Rebellion konkrete Reformvorhaben. In diesem Zusammenhang entwickelte Willy Brandt das Programm einer umfassenden gesellschaftlichen Demokratisierung: Demokratische Prinzipien sollten keine Domäne staatlichen Handelns bleiben, sondern alle Ebenen unserer Gesellschaft umfassen. Auch in den Betrieben, in den Schulen, in den Kasernen, ja sogar in den Gefängnissen sollte es demokratisch zugehen – so die Vision der sozialliberalen Reformpioniere, die Willy Brandt um sich geschart hatte.

Schüler an der Weiterentwicklung des Unterrichts beteiligen

Für die aktuelle bildungspolitische Auseinandersetzung ist das Programm einer Demokratisierung der Schule von eher marginaler Bedeutung. Deshalb vermag sich heute auch kaum noch einer daran zu erinnern, welche Erwartungen seinerzeit mit der Forderung nach mehr Schuldemokratie verbunden waren:

 Die demokratische Schule sollte nicht länger hierarchisch organisiert sein, sondern den Schülern, Eltern und Lehrern ein Höchstmaß an Mitbestimmung einräumen. Dafür sollten neue Ämter und Gremien geschaffen und mit weit reichenden Rechten ausgestattet werden.

➡️ In der demokratischen Schule sollte ein Klima herrschen, in dem sich die Schüler nicht länger als Untertanen, sondern als mündige Subjekte erlebten. Lehrer und Schüler hatten sich hier auf Augenhöhe zu begegnen und miteinander einen kollegialen Umgangston zu pflegen.

➡️ Die demokratische Schule sollte sich schließlich nicht als geschlossene Anstalt, sondern als Bestandteil eines demokratischen Gemeinwesens verstehen. Die Schüler sollten deshalb immer auch am sozialen und politischen Geschehen ihrer Gemeinde oder ihrer Stadt teilhaben.

An den Ansprüchen solcher Vordenker gemessen, gleichen unsere Schulen heute eher Reformruinen als Reformbaustellen: Die seinerzeit mit Leidenschaft und Überzeugungskraft eingeforderte Demokratisierung der Schule scheint längst zum Stillstand gekommen – ohne dass das einen Aufstand der Betroffenen nach sich gezogen hätte. Zwar sind die Mitsprachemöglichkeiten von Schülern und Eltern in fast allen Bundesländern gesetzlich verankert, allerdings stellt sich die Schuldemokratie vielerorts als Modellfall einer unübersichtlichen Gremiendemokratie dar. Zwar haben sich die mit diktatorischer Vollmacht regierenden Direktoren aus den Befehlszentralen ihrer Schulen abgemeldet und ihre Befugnisse an eine paritätisch zusammengesetzte Schulkonferenz abgetreten. Zwar können sich fast überall landesweit organisierte Eltern- und Schülervertretungen mit ihren Anliegen Gehör verschaffen. – Das Klima im Klassenzimmer hat sich deshalb aber nicht wirklich verändert. Immer wieder klagen Schüler darüber, von manchen Lehrern wie Menschen zweiter Klasse behandelt zu werden und sich dagegen nicht wirkungsvoll wehren zu können. Immer wieder behaupten sich die hierarchischen Strukturen der Unterrichtsorganisation gegen das Leitbild eines herrschafts- und angstfreien Miteinanders. Die zusätzlichen Befugnisse einiger weniger Eltern- und Schülerfunktionäre sind noch kein Ersatz für die ausgebliebene Demokratisierung des pädagogischen Alltags.

Dabei waren die Voraussetzungen für einen Ausbau der Schuldemokratie noch nie so günstig wie heute: Die Kultusministerien der Bundesländer bestehen nicht länger auf einem zentralen Anordnungsmonopol, sondern lassen die Schulen in vielen Fragen inzwischen eigenverantwortlich entscheiden. Was sich wie eine großzügige Geste ausnimmt, entpuppt sich bei näherem Hinsehen aber lediglich als taktischer Schachzug: Die neue Freiheit der Schulen besteht im Wesentlichen darin, den vorhandenen Mangel selber zu verwalten und dafür auch die fällige Prügel einzustecken. Über Unterrichtsausfall und Klassenstärken, über Raumnot und Ganztagsangebote hat jetzt nicht mehr eine ferne Kultusbürokratie zu entscheiden, sondern die Schulleitung vor Ort. Mit der zusätzlichen Verantwortung haben sich die Schulen auch den „schwarzen Peter" eingehandelt, falls wieder einmal irgendetwas schief geht. Andererseits könnte eine größere Eigenverantwortung aber auch einen zusätzlichen Schub für die Schuldemokratie bedeuten:

Wo mehr zu entscheiden ist, da können die Betroffenen auch an diesen Entscheidungen beteiligt werden. Wo den Schulen ein größerer Handlungsspielraum zugestanden wird, da sollten auch Schüler und Eltern davon profitieren. Die eigenverantwortliche Schule bietet alle Voraussetzungen, um sich auch zu einer demokratischen Schule zu entwickeln. Dabei sollte es den Beteiligten aber vor allem darum gehen, auf eine Veränderung des pädagogischen Klimas hinzuwirken. Denn jede Reform muss sich daran messen lassen, inwieweit sie sich im pädagogischen Alltag niederschlägt und inwieweit der einzelne Schüler davon profitiert.

In diesem Sinne müssen die Schüler an der Weiterentwicklung des Unterrichts beteiligt werden. Das schließt den Anspruch auf ein regelmäßiges **Feedback** ein, das ohne praktikable Methoden und ohne Kompetenz von außen zum Scheitern verurteilt wäre. Durch den Wegfall zentraler Direktiven ist an vielen Schulen ein rechtsfreies Vakuum entstanden, das die Verabschiedung einer **verbindlichen Schulverfassung** notwendig macht. Nur so kann die autonome Schule schließlich auch zu einer demokratischen Schule werden.

Schuldemokratie

❯ Feedback

Bei der Gestaltung des Schullebens und bei der äußeren Schulentwicklung sitzen Schüler und Eltern inzwischen mit im Boot, haben sie mitzureden und mitzuentscheiden. Um den Unterricht selbst aber scheint die Schuldemokratie einen großen Bogen zu machen. Hier sind die Einflussmöglichkeiten der Schüler gering und die der Eltern fast bedeutungslos. Wie in unseren Klassenzimmern gelernt wird – darüber wird in den Kultusministerien, in den Lehrerkonferenzen oder in den Arbeitszimmern der Lehrkräfte entschieden. Die Schüler aber werden dabei meistens übergangen. Dabei könnten sie kompetenter als alle anderen über die Qualität schulischen Lernens urteilen. Nur sie können einschätzen, wie effektiv der Unterricht angelegt ist und ob hier tatsächlich ein angstfreies Klima herrscht. Nur sie können sich ein fachkundiges Urteil über die Wahl der richtigen Methoden und über einen fairen Umgangston erlauben. Deshalb ist jede Unterrichtsentwicklung auf die Mitsprache und die Mitarbeit der Schüler angewiesen. Die Lehrkräfte können sehr genau abschätzen, wie viel sie selber in den Unterricht investieren. Sie können aber allenfalls ahnen, ob sich diese Investition auch auszahlt, wie viel also bei den Schülern tatsächlich ankommt. Deshalb sollte jede Demokratisierung des Unterrichts mit einem Feedback beginnen:

Noten für die Lehrer

Hier melden die Schüler dem Lehrer zurück, wie sie seinen Unterricht erleben und wo es für sie noch etwas zu verbessern gibt. In der Erwachsenenbildung und sogar an vielen Hochschulen ist ein solches Feedback längst eine Selbstverständlichkeit. An den Schulen aber hängt diese Form der Rückmeldung oft ganz allein vom guten Willen der betroffenen Lehrkräfte ab.

Die Schüler berichten, dass es vor allem die beliebten Lehrer sind, die sie zu einem solchen Feedback auffordern – dass sich die eigentlichen Problemfälle im Lehrerzimmer aber dem Urteil ihrer Schüler entziehen. Deshalb sollte an allen Schulen zwischen den Beteiligten eine verbindliche Absprache über ein regelmäßiges Feedback im Klassenzimmer ausgehandelt werden. Hier könnte den Schülern zum Beispiel zugestanden werden, dass sie mindestens einmal im Halbjahr die Möglichkeit haben, mit ihren Lehrkräften für eine ganze Stunde über deren Unterricht zu diskutieren. Die Schüler berichten aber auch, wie oft solche **Feedback-Stunden** scheitern, weil dafür keine praktikablen Methoden zur Verfügung stehen. Was als umfassende Unterrichtskritik angekündigt wurde, gerät dann oft zu einem verlegenen Stammeln. Den Schülern gelingt es unter solchen Umständen einfach nicht, den Lehrern ihre eigentlichen Anliegen zu vermitteln.

Deshalb hat es sich bewährt, an den Schulen eigene Feedback-Teams einzurichten: Nach dem Vorbild der „Schüler-Streitschlichter" kann ein solches Team geordert werden, wenn ein Konflikt zwischen Lehrer und Klasse zu befrieden oder wenn auch nur eine Feedback-Stunde zu organisieren ist. Die Schüler des **Feedback-Teams** werden für diese Aufgabe qualifiziert und verfügen deshalb über ein breites Methodenrepertoire. Sie wissen, wie eine solche Unterrichtskritik angstfrei ablaufen und wie auch der betroffene Lehrer vor Beschädigungen geschützt werden kann. Wo sich eine solche mobile Eingreiftruppe nicht rekrutieren lässt, sollte wenigstens ein Feedback-Koffer angeschafft werden: Er enthält eine Reihe von einsatzfähigen Methoden und alle dazu notwendigen Materialien. Mit Hilfe dieses Koffers bekommt die Feedback-Stunde eine gewisse Struktur, zerläuft sich die Unterrichtskritik nicht zu einem unverbindlichen Palaver. Dabei muss allerdings gewährleistet sein, dass der betroffene Lehrer mit den eingesetzten Methoden einverstanden ist. Denn jede gute Unterrichtskritik lässt sich nur zusammen mit dem Lehrer durchführen – und nicht gegen ihn.

Schuldemokratie

Beispiel

*Hallo Leute,
von der eher beiläufigen Ermahnung bis zum großen Donnerwetter – fast täglich müssen wir uns anhören, was unsere Lehrer so von uns halten. Vielleicht sind solche Rückmeldungen ab und zu ganz sinnvoll. Aber es ist nicht einzusehen, warum sie immer nur von den Lehrern ausgehen sollen. Auch wir hätten den Lehrern ja etwas mitzuteilen: Wir könnten Ihnen erzählen, wie ihr Unterricht bei uns ankommt. Wir könnten ihnen zeigen, was uns ihre Hausaufgaben und ihre Korrekturen bringen. Und wir könnten ihnen sagen, wie gut oder wie schlecht in ihren Stunden das Arbeitsklima ist.
Vielleicht sind die meisten Lehrer bereit, sich wenigstens einmal im Halbjahr ein solches Feedback geben zu lassen. Oft fehlt uns Schülern allerdings der Mut, unseren Lehrern die Meinung zu sagen und ihnen gegenüber ein offenes Wort zu riskieren. Oft haben wir aber auch keine Ahnung, wie sich eine Feedback-Stunde organisieren lässt. Und ohne Konzept kann dabei nicht viel herauskommen. Deshalb waren viele von euch genauso froh wie die Lehrer, dass es bisher nur ganz selten zu einer solchen Feedback-Stunde gekommen ist. Aber das kann sich jetzt ganz schnell ändern. Denn seit Beginn dieses Schuljahres ist das*

○ Feedback-Team

für euch im Einsatz. Zum Feedback-Team unserer Schule gehören Marius (10a), Stella und Alex (10b), Melanie (10c) sowie Julia und Nico (9b). Wir haben uns für diese Aufgabe ausbilden lassen und wissen jetzt, wie eine produktive Feedback-Stunde auszusehen hat. Meldet euch bei uns, wenn ihr euren Lehrern ein Feedback geben wollt – und wir übernehmen für euch alles Weitere. Wir vom Feedback-Team informieren die einzelnen Lehrer über euren Wunsch und vereinbaren mit ihnen einen Termin. Wir bieten euch verschiedene Feedback-Methoden an. Schließlich übernehmen wir auch die Leitung einer solchen Feedback-Stunde und passen dabei auf, dass euch niemand einschüchtern kann und dass sich auch eure Lehrer fair behandelt fühlen. Wenn ihr das wünscht, schauen wir vier Wochen später noch einmal bei euch vorbei – um zu überprüfen, ob die Ergebnisse des Feedbacks auch wirklich in die Praxis umgesetzt wurden.

*Wir sehen uns!
Alex, Julia, Marius, Melanie, Nico und Stella*

Lehrer verändern Schule ⇨ *Jetzt*

▶ Aus dem Feedback-Koffer

1. Feedback-Fließband

Material: *beschriftete Karten*

Die Schüler haben die Tische zu einem Viereck zusammengestellt. Jeder Schüler erhält eine Karte, auf der der Lehrer die Klasse um ein Feedback bittet. Anschließend wird die Karte zum rechten Nachbarn weitergegeben. Der und alle anderen beantworten die gestellte Frage schriftlich. Das geht so weiter, bis die Karte zurück zum Ausgangspunkt gelangt ist. Hier wertet jeder Schüler „seine" Karte aus. Die Ergebnisse werden der Klasse vorgetragen und mit dem Lehrer diskutiert.

Das Feedback-Fließband | Beispiel |

Die Spielregeln

1. Es sind nur solche Fragen zugelassen, die der Lehrer beantwortet haben möchte.
2. Die Schüler geben immer nur Auskunft darüber, wie sie ihren Lehrer wahrnehmen.
3. Die Antworten dürfen keine Beleidigungen und keine Lügen enthalten.
4. Antworten, die offenkundig nicht ernst gemeint waren, werden in der Schlussrunde ausgeklammert.
5. Der Lehrer darf zu jeder ausgewerteten Karte wenigstens eine Rückfrage stellen.

Die Fragen

▷ Was ist meine beste Eigenschaft?
▷ Was ist meine schlechteste Eigenschaft?
▷ Welchen Spruch sollte ich mir besser abgewöhnen?
▷ In welcher Situation warst du so richtig sauer auf mich?
▷ Wie viel Prozent dessen, was ich euch beizubringen versuche, bleibt bei dir hängen? (Eine Prozentzahl genügt)

▷ Welches andere Fach könnte ich gut unterrichten?
▷ Als ich so alt war wie ihr – mit welchem Mitschüler dürfte ich wohl die meiste Ähnlichkeit gehabt haben?
▷ Für welchen anderen Beruf wäre ich geeignet – wenn ich mich nicht für den des Lehrers entschieden hätte?
▷ Für welche Fernsehsendung wäre ich eine Idealbesetzung?
▷ Welche Unterrichtsstunde hat dir bisher am besten gefallen?
▷ Wie viele deiner Mitschüler wollen mich im nächsten Jahr wieder als Lehrer haben? (Eine Prozentzahl genügt)
▷ Wenn eure Eltern meinen Unterricht benoten sollten – welche Note würden sie mir geben?

2 Lehrerzeugnis

Material: vorbereitete Kopien

In der Woche vor der Zeugnisausgabe werden die Schüler zu den Leistungen des Lehrers befragt. Sie müssen ihn in Kategorien wie „Fachwissen", „Gerechtigkeit" oder „Humor" benoten. Die Klassensprecher werten diese Zeugnisse aus und erstellen dabei eine Gesamtbewertung, die dem Lehrer vorgetragen und mit ihm diskutiert wird.

3 Meinungsbaum

Material: vorbereitete Haftzettel

Die Schüler nehmen im Kreis Platz. In der Mitte des Sitzkreises steht der Kartenständer, der mit Hilfe von Kreppband in zwei Hälften unterteilt wird. Jeder Schüler erhält einen Haftzettel, auf dem jeweils ein Kriterium für die Unterrichtsqualität vermerkt ist (z.B. „Disziplin", „Abwechslung", „Aktualität", „Übersicht"). Die Schüler kleben nun die Haftzettel auf den Kartenständer: Wenn sie ein Kriterium erfüllt sehen, wird der Zettel in die obere Hälfte gehängt. Andernfalls wandert es in die untere Hälfte. Der Abstand vom Klebestreifen signalisiert jeweils den Umfang der Zustimmung bzw. der Ablehnung. Der Lehrer nimmt jeweils einen Zettel ab und liest ihn vor. Er kann jeweils eine Nachfrage stellen.

4 Polaritätsprofil `s. Kopiervorlage S. 169`

Material: *vorbereitete Kopien*

Die Schüler erhalten ein Blatt, in der sie zur Leistung des Lehrers befragt werden. Alle Kategorien sind dabei in einer positiven und in einer negativen Variante formuliert („Sie gehen auf unsere Fragen ein.", „Unsere Fragen interessieren Sie nicht.") Die Schüler kreuzen an, inwieweit die eine oder die andere Aussage auf ihre Lehrkraft zutrifft. Der Fragebogen wird von den Klassensprechern ausgewertet und mit der Lehrkraft diskutiert.

5 Lehrer-Feedback `s. Kopiervorlage S. 170`

Material: *vorbereitete Kopien*

Parallel zu einem Feedback durch die Schüler beschreibt der Lehrer seinen Eindruck der Klasse. Er bedient sich dabei eines standardisierten Fragebogens („Die Klasse zerfällt in einzelne Gruppen und Grüppchen: stimmt genau – stimmt – stimmt manchmal – stimmt nur ganz selten – stimmt überhaupt nicht.")
Der ausgewertete Fragebogen liegt den Schülern vor, wenn die Feedback-Stunde beginnt.

6 Rot-Grün

Material: *rote und grüne Karten, dicke Filzstifte, Klebeband*

Der Lehrer bittet die Schüler um ein Feedback: Dazu sollen sie eine positive Eigenschaft auf der grünen und eine negative auf der roten Karte notieren. Dann werden erst die roten und dann die grünen Karten an der Tafel sortiert. Dazu werden Kategorien wie „Noten", „Methoden" oder „Schülerkontakte" gebildet.
Ein Gespräch dazu beginnt mit den Nachfragen des Lehrers: „Wie ist das gemeint?", „Habt ihr dafür ein Beispiel?" usw.

Schuldemokratie

7 Satzanfänge

Material: beschriftete Umschläge, leere Kärtchen, Klebeband

An der Tafel hängen Umschläge, auf denen jeweils ein Satzanfang formuliert ist: „Ihre beste Eigenschaft ist ..." Die Schüler erhalten fünf leere Kärtchen, auf denen sie diese Sätze fortsetzen. Die Kärtchen werden dann in die entsprechenden Umschläge gesteckt. Der Lehrer beginnt mit der Auswertung bei dem Umschlag, in den die meisten Kärtchen gesteckt wurden.

Beispiel

1. Sie tun uns keinen Gefallen, wenn ...
2. Es gehört zu ihren Stärken, dass ...
3. Sie hätten eingreifen müssen, als ...
4. Ich gehe gerne in Ihren Unterricht, weil ...
5. Sie sind einer der Lehrer, die ...
6. Unser eigentliches Problem ist nicht Ihr Unterricht, sondern ...
7. Sie sollten es nicht zulassen, dass ...
8. Sie verstehen es immer wieder, uns ...
9. Sie übertreiben es mit ...
10. Im Vergleich zu anderen Lehrern fällt mir bei Ihnen auf, dass ...
11. Besonders gefallen hat mir Ihr Unterricht, als ...
12. Ich vermisse an Ihrem Unterricht ...
13. Ich würde mir wünschen, dass Sie mehr ...
14. Ich habe mit Ihnen keine Probleme, weil ...
15. Nicht viel anfangen kann ich mit Ihrem Unterricht, wenn ...

8 Spotlight

Material: vorbereitete Kopien, ein Softball

Die Schüler bekommen ein Blatt, auf dem unterschiedliche Erinnerungs-Impulse gegeben werden: „Eine Äußerung, die ich Ihnen heute noch übel nehme", „Ein Thema, das ich bis heute nicht verstanden habe", „Eine Strafe, die berechtigt war" usw. Dann wird der Softball im Klassenzimmer hin- und hergeworfen. Wer den Ball fängt, muss sich einen Impuls aussuchen und dazu seine Erfahrungen mitteilen. Der Lehrer oder ein Mitschüler kann dazu jeweils eine Nachfrage stellen.

8.

a. ○ Diese Strafe finde ich heute noch ungerecht.	**b.** ○ An dieses gemeinsame Erlebnis denke ich gerne zurück.	**c.** ○ Dieses Thema hat mich noch lange Zeit beschäftigt.	**d.** ○ Diese Äußerung glaube ich Ihnen immer noch nicht.
e. ○ Das habe ich bis heute nicht verstanden. *Beispiel*	**f.** ○ In dieser Situation hat sich unsere Klasse Ihnen gegenüber schlecht benommen.	**g.** ○ Diese Geschichte ist mir heute noch peinlich.	**h.** ○ Diesen Kommentar nehme ich Ihnen heute noch übel.
i. ○ Ich verstehe nur allzu gut, dass Sie damals sauer waren.	**j.** ○ Gut, dass meine Eltern davon nie erfahren haben.	**k.** ○ Darüber ärgere ich mich heute noch.	**l.** ○ Es interessiert mich, wie Sie heute darüber denken.
m. ○ Das war mein erster Eindruck von Ihnen.	**n.** ○ Das hat man über Sie erzählt, bevor wir Sie bekamen.	**o.** ○ Diese Note habe ich eigentlich nicht verdient.	**p.** ○ Das werden die anderen Lehrer über uns erzählt haben.
q. ○ Das hätte ich Ihnen nicht zugetraut.	**r.** ○ Diese Überraschung ist Ihnen wirklich gelungen.	**s.** ○ Dieser Streich ging wirklich in die Hose.	**t.** ○ Dieses Thema hätten wir länger behandeln sollen.
u. ○ Seitdem denke ich anders über Sie.	**v.** ○ So werden Sie uns in Erinnerung behalten.	**w.** ○ Wenn das die Schulleitung wüsste ...	**z.** ○ Das wollte ich Ihnen schon lange einmal sagen.

Lehrer verändern Schule ⇨ *Jetzt*

Schuldemokratie

Kopiervorlage

● POLARITÄTSPROFIL

Links	3	2	1	0	1	2	3	Rechts
Sie sind eine engagierte Lehrkraft.	3	2	1	0	1	2	3	Die Schule ist Ihnen nicht so wichtig.
Sie interessieren sich auch für andere Fächer.	3	2	1	0	1	2	3	Sie kennen nur Ihr eigenes Fach.
Sie gehen auf unsere Fragen ein.	3	2	1	0	1	2	3	Unsere Fragen interessieren Sie nicht.
Sie helfen auch den schwächeren Schülern.	3	2	1	0	1	2	3	Sie orientieren sich immer an den Besten.
Sie arbeiten mit ganz unterschiedlichen Methoden.	3	2	1	0	1	2	3	Bei Ihnen läuft der Unterricht immer gleich ab.
Sie wollen aktive Schüler.	3	2	1	0	1	2	3	Ihnen reicht es schon, wenn wir ruhig sind.
Sie wollen, dass wir gute Leistungen bringen.	3	2	1	0	1	2	3	Unsere Leistungen sind Ihnen nicht wichtig.
Sie sind immer ansprechbar.	3	2	1	0	1	2	3	Sie haben für uns nie Zeit.
Sie tun etwas für die Klassengemeinschaft.	3	2	1	0	1	2	3	Die Klassengemeinschaft ist Ihnen egal.

Lehrer verändern Schule ⇨ *Jetzt*

Kopiervorlage

● Lehrer-Feedback

	stimmt genau	stimmt manchmal	stimmt selten	stimmt nicht
In der Klasse herrscht ein angenehmes Klima.				
Die Klasse hält zusammen wie Pech und Schwefel.				
In dieser Klasse gibt es keine Anführer.				
In dieser Klasse gibt es keine Außenseiter.				
Die Klasse achtet auf Ordnung und Sauberkeit.				
Die Schüler können sehr gut zusammenarbeiten.				
Die Schüler sind am Unterricht interessiert.				
Die Klasse ist sehr leistungsstark.				
Die Schüler arbeiten sehr gut mit.				
Die Klasse ist willig. Und sie ist fleißig.				
Die Schüler wissen noch, was Höflichkeit bedeutet.				
Die Klasse unterstützt die Lehrkräfte durch konstruktive Kritik.				

Lehrer verändern Schule ⇨ *Jetzt*

❯ Schulverfassung

An vielen Schulen scheint man bemüht, den Schülern und Eltern durch großzügige Zugeständnisse entgegenzukommen: Der Elternbeirat wird regelmäßig zu den Lehrerkonferenzen eingeladen und bekommt im Lehrmittel- und im Fahrtenausschuss einen Sitz zugestanden. Die Schüler haben einmal im Monat Anspruch auf eine Klassenstunde und dürfen ihre Vertreter in der Schulkonferenz in einer Urwahl bestimmen. Solche Zugeständnisse sind freundliche Gesten der Schulleitung und der Lehrerkonferenz – und gerade das macht sie verdächtig. Unter solchen Vorzeichen nämlich gerät die Schuldemokratie zur Gefälligkeitsdemokratie: **Schüler und Eltern dürfen mitbestimmen, haben darauf aber keinen rechtsverbindlichen Anspruch.** Man lässt sie gewähren, legt aber großen Wert darauf, dass ein solches Entgegenkommen auch wieder rückgängig gemacht werden kann. Und damit scheinen die Zugeständnisse an Schüler und Eltern mit einem bestimmten Wohlverhalten verknüpft zu sein.

Eine Magna Charta für die Schule

Eine funktionierende Schuldemokratie sollte aber eher auf verbindlich vereinbarte Rechte setzen. Die Schulverfassung ist Ausdruck eines solchen Selbstverständnisses, denn jede ihrer Bestimmungen ist als einklagbares Recht formuliert. In der Schulverfassung ist im Einzelnen festgehalten, welche Regelungen an der Schule gelten sollen: Hier ist verankert, dass jede Klasse Anspruch auf drei Verfügungstage hat und dass jeder Lehrer einmal im Halbjahr seinen Unterricht zur Diskussion stellen muss. Hier ist geregelt, unter welchen Bedingungen ein Elternabend einberufen werden muss und wie oft ein Klassenverband aufgelöst und neu zusammengesetzt werden darf. Die Schulverfassung ist aber nicht nur ein trockenes Regelwerk, sondern darüber hinaus auch Ausdruck der an einer Schule geltenden

Grundsätze und Werte: Hier ist festgeschrieben, dass von den Schülern die Bereitschaft zur Unterrichtskritik erwartet wird und von den Eltern eine aktive Mitarbeit am Schulleben. Hier bekennt sich die Schule zu ihrer Öffnung nach außen und zur besonderen Gewichtung des Projektlernens.

Eine solche Schulverfassung ist nicht zum Nulltarif zu bekommen. Deshalb liest sie sich auch wie eine Selbstverpflichtung, mit der die Lehrkräfte und die Schulleitung einen Teil der ihnen zustehenden Rechte aus freien Stücken an die Schüler und ihre Eltern abtreten. So überträgt die Schulleitung auf die Schüler das Recht, beim Lehrereinsatz mitbestimmen zu dürfen. Und die Lehrkräfte akzeptieren es, wenn versetzungsgefährdete Schüler in der Notenkonferenz zu Wort kommen. Die Schulverfassung gewährleistet, dass solche Zugeständnisse keiner bloßen Laune geschuldet sind, sondern als verlässliche Rechte in Anspruch genommen werden dürfen. Deshalb ist die Ausarbeitung einer solchen Schulverfassung immer ein zeitaufwändiges Unterfangen. **Schülervertretung, Elternbeirat, Lehrerkonferenz und Schulleitung müssen sich auf einen Themenkatalog verständigen,** um dann für jede einzelne Regelung eine konsensfähige Formulierung zu finden. Eine Redaktionsgruppe fasst die Einzelergebnisse zusammen und bündelt sie zu einem lesbaren Verfassungstext. Erst wenn sich alle Beteiligten der Zustimmung ihrer Basis vergewissert haben, kann die Schulverfassung in einem feierlichen Akt unterschrieben werden. Was eine solche Verfassung aber wert ist – das bestätigt sich jeweils erst jenseits aller Feierlichkeiten.

Schuldemokratie

⮕ Entwurf für eine Schulverfassung

1. Präambel

Beispiel

Eine gute Schule setzt ein gutes Schulklima voraus. Dafür ist es notwendig, dass sich Schüler, Eltern und Lehrer aktiv an der Gestaltung des Schullebens und an der Weiterentwicklung des Unterrichts beteiligen. Dafür ist es aber auch notwendig, dass alle partnerschaftlich und fair miteinander umgehen. Das geltende Schulrecht steckt dafür den Rahmen ab. Die vorliegende Schulverfassung ergänzt und präzisiert diese gesetzlichen Vorgaben durch schulinterne Vereinbarungen. Unsere Schulverfassung versteht sich als eine Selbstverpflichtung, die von den Schülern, Eltern und Lehrkräften unserer Schule sowie von der Schulleitung eingegangen wird, um am Ziel einer humanen und demokratischen Schule mitzuarbeiten. Die Unterzeichnenden sind sich bewusst, dass sich das Leitbild einer guten Schule nicht über Vorschriften und Verbote durchsetzen lässt. In der Schulverfassung aber sehen sie einen Beitrag zur Rechtssicherheit, der der Umsetzung dieses Leitbilds im pädagogischen Alltag nur förderlich sein kann.

2. Rund um den Unterricht

Klassenbildung

Die Klasse ist der wichtigste soziale Ort an der Schule. Deshalb sind bestehende Klassenverbände nach Möglichkeit zu erhalten. Neue Klassenbildungen sind nur einmal im Verlauf der Schulzeit möglich. In diesem Fall steht der Klasse zu Beginn des Schuljahres ein zweitägiges Seminar zu, um das Kennenlernen und Eingewöhnen zu erleichtern.

Lehrereinsatz

Die Verteilung der Lehrkräfte kann sich nicht nur an den Wünschen der Schüler ausrichten. Dennoch hat jede Klasse das Recht, jeweils einen der sie unterrichtenden Lehrer für das nächste Schuljahr abzuwählen.

> **Beispiel**

Stundenplan

Pädagogische Initiativen dürfen nicht an den Vorgaben des Stundenplans scheitern. So haben die Schüler alle 14 Tage das Recht auf eine Klassenstunde: Dazu fällt nach dem Rotationsprinzip jeweils eine Stunde Fachunterricht aus. Ein Nachmittag in der Woche steht in erster Linie der Schülervertretung für besondere Aktivitäten zur Verfügung. In Randstunden werden keine Vertretungen eingesetzt.

Öffnung des Unterrichts

Gäste von außerhalb sind in der Schule ausdrücklich willkommen. Die Einladung solcher Gäste bedarf keiner besonderen Genehmigung. Diese Regelung gilt auch für die Beteiligung der Eltern am Unterrichtsgeschehen.

Unterrichtskritik

Eine kritische und faire Bewertung des Unterrichts durch die Schüler ist nicht nur erlaubt, sondern ausdrücklich erwünscht. Deshalb stellt jeder Lehrer seinen Unterricht wenigstens einmal im Halbjahr zur Diskussion. Dafür sollte jeweils eine ganze Unterrichtsstunde freigehalten werden.

Fortbildung

Die Lehrkräfte verpflichten sich, regelmäßig an Fortbildungsveranstaltungen teilzunehmen. Wenigstens einmal im Verlauf des Schuljahres haben sie Anspruch auf eine schulinterne Lehrerfortbildung, für die mindestens ein ganzer Tag vorgesehen ist.

3. Demokratie an der Schule

Schülervertretung

Jeder Schüler erhält eine Auflistung seiner Rechte und Pflichten im Format einer Scheckkarte. Von den Klassensprechern werden die Schüler über die Aktivitäten der Schülervertretung unterrichtet. Jeder Klassesprecher ist

> **Beispiel**
>
> deshalb verpflichtet, an den regelmäßigen Klassensprecherversammlungen und an der einmal im Jahr stattfindenden Demokratie-Werkstatt der Schülervertretung teilzunehmen. Die Teilnehmer der Werkstatt werden jeweils für die Dauer von zwei Tagen vom Unterricht freigestellt. Die Schülervertreter stellen sicher, dass alle Schüler über die Ergebnisse des Seminars informiert werden.
>
> Auf Beschluss der Klassensprecherversammlung können alle Schüler an der Wahl der Schülervertreter beteiligt werden. Im Falle einer solchen Wahl ist den Kandidaten jeweils genügend Zeit einzuräumen, um sich in den einzelnen Klassen vorzustellen. Neben den Verbindungslehrern wählen die Schülerinnen jeweils eine Lehrerin zur Mädchenbeauftragten der Schule.
>
> ### *Elternbeirat*
>
> Von den Eltern wird eine aktive Teilnahme am Schulleben erwartet. Das gilt auch für die Bereitschaft zur Mitarbeit im Elternbeirat. Zu jeder Sitzung des Elternbeirats ist auch die Schülervertretung eingeladen. Außerdem sollte ein Vertreter der über 18-jährigen Schüler gewählt werden.
>
> ### *Elternabend*
>
> Wenn mindestens ein Fünftel der Eltern dies wünscht, muss ein zusätzlicher Elternabend einberufen werden.
>
> ### *Lehrerkonferenz*
>
> Schülervertretung und Elternbeirat werden jeweils rechtzeitig über Termin und Tagesordnung einer Lehrerkonferenz informiert. Sie haben das Recht, an solchen Konferenzen teilzunehmen, solange nicht die Belange einzelner Schüler zur Beratung anstehen. Schülervertretung und Elternbeirat sind eingeladen, nicht nur die eigenen Positionen vor der Lehrerkonferenz vorzutragen, sondern sich aktiv an der Diskussion zu beteiligen. Versetzungsgefährdeten Schülern steht es ab der 8. Klasse frei, ihre Belange vor der Notenkonferenz vorzutragen und zu vertreten. Sie können sich dabei von ihren Eltern begleiten lassen.

> Beispiel

4. Gestaltung des Schullebens

Wandertage und Fahrten

Lehrer wie Schüler müssen ihren Beitrag leisten, wenn der Wandertag zu einem Höhepunkt des Schuljahres werden soll. Deshalb sollten sie sich gemeinsam um ein attraktives Programm für den Wandertag bemühen. Für Schüler ab der 7. Klasse kann der Wandertag durch eine Radtour, für Schüler ab der 9. Klasse durch eine Städtereise ersetzt werden. Klassenfahrten gehören zu den unverzichtbaren Aktivitäten des Schullebens. Deshalb sollten sich möglichst alle Schüler einer Klasse daran beteiligen. Im Rahmen ihrer altersgemäßen Möglichkeiten haben sich die Schüler an der Planung und Vorbereitung solcher Fahrten zu beteiligen. Die Kosten für die Teilnahme an einer Klassenfahrt dürfen den Betrag von 250 Euro nicht übersteigen. Der Förderverein unterstützt die Schüler aus einkommensschwachen Familien mit einem Zuschuss, sodass auch sie von solchen Fahrten nicht ausgeschlossen sind.

Projekttage

Im Rahmen von Projekttagen haben Schüler und Lehrer Gelegenheit, sich mit neuen Lern- und Arbeitsformen vertraut zu machen. Dafür fällt der Regelunterricht für die Dauer einer Woche aus. Es steht den Lehrkräften frei, die Leistung der Schüler während der Projekttage zu benoten und diese Note in das Jahresergebnis einfließen zu lassen.

Verfügungstage

Jeder Klasse stehen im Verlauf eines Schuljahres drei Verfügungstage zu. Diese können für Exkursionen, Seminare oder Projekte genutzt werden. Über das Programm der Verfügungstage können Lehrer und Schüler frei entscheiden.

Beispiel

5. Ein Ort zum Wohlfühlen

Ausstattung

Jeder Schüler verpflichtet sich, zur Ordnung und Reinhaltung des Schulhauses beizutragen.

Klassenzimmer

Zustand und Gestaltung des Klassenzimmers leisten einen wichtigen Beitrag zum pädagogischen Klima der Schule. Deshalb hat jede Klasse die Pflicht, zu einer attraktiven Ausgestaltung ihres Klassenzimmers beizutragen.

Die Klassen übernehmen ihr Klassenzimmer für die Dauer von zwei Schuljahren, um es in eigener Regie und nach ihren eigenen Vorstellungen auszugestalten. Sie übergeben ihr Klassenzimmer der Schulleitung nach zwei Jahren im selben Zustand, in dem sie es ursprünglich vorgefunden haben.

Müll

Alle Schüler und Lehrer verpflichten sich, ihren Abfall nach dem Prinzip der Mülltrennung zu entsorgen. Einwegverpackungen dürfen auf dem Schulgelände nicht verkauft werden. Das gilt auch für Feste und Feiern an der Schule.

Rauchen

Unsere Schule wird als Nichtraucherschule geführt. Das bedeutet, dass das Rauchen im Schulhaus und auf dem Schulgelände untersagt ist. Diese Regelung gilt für die Schüler, Lehrer und Besucher unserer Schule.

▷ Literaturtipps

Bennewitz, Hedda:
Handlungskrise Schulreform.
VS Verlag 2005.
ISBN 3-531-14724-2

Gemmer, Björn/Konnertz, Christiane:
Hausaufgaben – fit in 30 Minuten. Kids auf der Überholspur. Gabal 2005.
ISBN 3-89749-560-0

Kowalczyk, Walter/Ottich, Klaus:
Versetzung gefährdet. Ehrenrunde oder durchstarten?
Cornelsen Verlag Scriptor 2003.
ISBN 3-589-21569-0

Schümer, Gundel/Tillmann, Klaus-Jürgen/Weiß, Manfred (Hrsg.):
Die Institution Schule und die Lebenswelt der Schüler.
Vertiefende Analysen der PISA-2000-Daten zum Kontext von Schülerleistungen. VS Verlag 2004.
ISBN 3-531-14305-0

Schader, Bernhard:
(Duden) Hausaufgaben und Klassenarbeiten. Probleme erkennen, Lösungen finden.
Bibliographisches Institut 2002.
ISBN 3-411-71272-4

▷ Linktipps

www.community-education.de
Ziel von Community Education ist es, Schule und Gemeinwesen zusammen zu bringen und Lernen mit Blick auf lokale und regionale Entwicklungen zu gestalten.

www.flexiblesklassenzimmer.de
Hier gibt's Informationen rund um das Thema „flexibles Klassenzimmer", bei dem das Raum- und Lernklima im Mittelpunkt steht!

www.neue-wege-fuer-jungs.de
Bundesweites Netzwerk von Initiativen zur Berufswahl und Lebensplanung von Jungen

www.skh.de
Internetseite der SchülerInnenkammer Hamburg. Mit vielen Informationen rund um die aktive SchülerInnenvertretungsarbeit.

Verlag an der Ruhr
www.verlagruhr.de

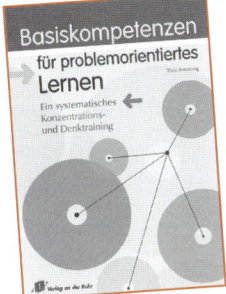

Basiskompetenzen für problemorientiertes Lernen

Ein systematisches Konzentrations- und Denktraining

Tricia Armstrong
11–16 J., 142 S., A4, Pb.
ISBN 3-86072-978-0
Best.-Nr. 2978
17,50 € (D)/18,– € (A)/30,70 CHF

Der Klassenrat

Ziele, Vorteile, Organisation

Eva Blum, Hans-Joachim Blum
Für alle Schulstufen, 165 S., A4, Pb.
ISBN 3-8346-0060-1
Best.-Nr. 60060
20,– € (D)/20,50 € (A)/35,– CHF

Motivation   Kooperation   Konzentration

Wie geht das?
Uninteressierte Schüler motivieren

Allan H. Mendler
Für alle Schulstufen, 113 S., A5, Pb.
ISBN 3-86072-777-X
Best.-Nr. 2777
9,80 € (D)/10,10 € (A)/17,30 CHF

Kooperatives Lernen – Kooperative Schule

Tipps, Praxishilfen und Konzepte

David W. Johnson, Roger T. Johnson, Edythe Johnson Holubec
Für alle Schulstufen, 252 S., 16 x 23 cm, Pb.
ISBN 3-8346-0021-0
Best.-Nr. 60021
17,80 € (D)/18,30 € (A)/31,20 CHF

Verlag an der Ruhr   Bücher für die pädagogische Praxis
Postfach 10 22 51 • D–45422 Mülheim an der Ruhr
Tel.: 0208/495040 • Fax: 0208/4950495
E-Mail: info@verlagruhr.de

Verlag an der Ruhr
www.verlagruhr.de

Produktive Unterrichtseinstiege
100 motivierende Methoden für die Sekundarstufen
Arthur Thömmes
Kl. 5–13, 134 S., 16 x 23 cm, Pb.
ISBN 3-8346-0022-9
Best.-Nr. 60022
12,80 € (D)/13,15 € (A)/22,40 CHF

So geht das
Gegen Chaos und Disziplinschwierigkeiten: Eigenverantwortung in der Klasse fördern
30 Tipps und Strategien
Jonas Lanig
Für alle Schulstufen, 6–19 J., 180 S., A5, Pb.
ISBN 3-86072-916-0
Best.-Nr. 2916
12,80 € (D)/13,15 € (A)/22,40 CHF

Unterrichtseinstieg und Methoden

Lehren und Lernen optimieren
Unterrichtsvorbereitung, Unterrichtsmethoden, Klassenraumgestaltung
Chris Dickinson, Philip Waterhouse
Für alle Schulstufen, 144 S., 16 x 23 cm, Pb.
ISBN 3-86072-973-X
Best.-Nr. 2973
14,– € (D)/14,40 € (A)/24,50 CHF

So erklär' ich das!
60 Methoden für produktive Arbeit in der Klasse
Kerstin Klein
Für alle Schulstufen, 140 S., 16 x 23 cm, Pb.
ISBN 3-86072-733-8
Best.-Nr. 2733
12,80 € (D)/13,15 € (A)/22,40 CHF

Verlag an der Ruhr — Bücher für die pädagogische Praxis
Postfach 102251 • D–45422 Mülheim an der Ruhr
Tel.: 0208/495040 • Fax: 0208/4950495
E-Mail: info@verlagruhr.de